Hanns Sauter

Das große Buch der Seniorennachmittage

Hanns Sauter

Das große Buch
der Seniorennachmittage

HERDER

FREIBURG · BASEL · WIEN

Leider war es nicht möglich, alle Urheber zu ermitteln. Betroffene Inhaber von urheberrechtlichen Ansprüchen bitten wir, sich mit dem Verlag in Verbindung zu setzen.

Die Texte von Paul Weismantel sind seiner Broschüre »Segensgebete« entnommen (Referat Geistliches Leben Diözese Würzburg, e-mail: rgl@bistum-wuerzburg.de). An dieser Stelle herzlichen Dank für die Erlaubnis, die Texte hier zu verwenden! Dank auch dem Förderverein Byzantinische St. Nikolauskirche Niederaltaich für die Erlaubnis, Ikonen aus dieser Kirche abzudrucken, und den Mitarbeiterinnen und Mitarbeitern der Seniorenpastoral, denen ich zahlreiche Ideen verdanke.

Die Bibeltexte sind entnommen aus: Einheitsübersetzung der Heiligen Schrift
© 1980 Katholische Bibelanstalt, Stuttgart

Umschlaggestaltung: Finken & Bumiller
Umschlagmotiv: Oak Tree in Field © Frank Lukasseck / Corbis

Satz- und CD-ROM-Gestaltung: SatzWeise, Föhren
Herstellung: fgb · freiburger graphische betriebe
www.fgb.de

Gedruckt auf umweltfreundlichem, chlorfrei gebleichtem Papier
Printed in Germany

ISBN 978-3-451-32044-6

Inhalt

Abkürzungen

EGB = Evangelisches Gesangbuch
GL = Gotteslob – Katholisches Gebet- u. Gesangbuch
Taizé = Die Gesänge aus Taizé. Herausgegeben von der Communauté de Taizé
Verlag Herder GmbH, ISBN 978-3-451-28100-6
Tr = Troubadour für Gott. Neue Geistliche Lieder, Kolping-Bildungswerk
Diözesanverband Würzburg e. V., Kolpingplatz 1–3, 97070 Würzburg
🔍 = Die CD-ROM stellt per Mausklick Einzeldokumente zu den gekenn-
zeichneten Elementen zur Verfügung, die sich auf DIN A4-Format ver-
größert ausdrucken lassen.

Liebe Mitarbeiterinnen, liebe Mitarbeiter in der Seniorenarbeit!

Sie leiten eine Seniorengruppe und sind daher ständig auf der Suche nach neuen Ideen, attraktiven Themen und kreativen Gestaltungsmöglichkeiten für Ihre Treffen. In dieser Sammlung finden Sie eine Fülle von Anregungen, um Ihre Seniorennachmittage oder -abende abwechslungsreich und interessant zu gestalten.

Die hier zusammengestellten Modelle gehen vom Lauf der Jahreszeiten und des Kirchenjahres aus und greifen auf diesem Hintergrund Themen aus der Lebenswelt der Senioren und Seniorinnen von heute auf. Sie berücksichtigen neue Erkenntnisse und Erfahrungen aus der Arbeit mit älteren Menschen und sind so gestaltet, dass sie möglichst viele Sinne ansprechen und die aktive Beteiligung und Kommunikation fördern.

In diesem Sinne ist Ihre Aufgabe als Leiterin oder Leiter nun, nicht alles selbst zu tun, sondern möglichst viele Leute Ihres Teams oder Ihrer Gruppe einzubinden. Das Gefühl, gebraucht zu werden, und Erfolgserlebnisse stärken das Selbstvertrauen und das Selbstbewusstsein des einzelnen Gruppenmitglieds und fördern letztlich die Dynamik der ganzen Gruppe. Möglichkeiten, Talente einzubeziehen, gibt es dabei viele, angefangen bei der ansprechenden Raumgestaltung und einer liebevollen Tischdekoration bis zur Mitverantwortung für den inhaltlichen und für den geselligen Teil des Nachmittages, der Verabschiedung der Gäste und dem unvermeidlichen Aufräumen. Wenn es Ihnen nicht liegt, ein Thema zu moderieren, dann bitten Sie jemanden anderen, es zu tun. Überlegen Sie in der Vorbereitungsgruppe, wen Sie für welche Aufgabe ansprechen können. Für klar umschriebene Aufgaben finden Sie sicher auch Mitarbeiter und Mitarbeiterinnen außerhalb Ihres ständigen Teams.

Bei den Modellen wurde bewusst auf die Integration von Tänzen und Bewegungsübungen verzichtet. Diese sollten nur von ausgebildeten Tanz- bzw. Übungsleitern und Übungsleiterinnen ausgeführt werden. Trotzdem sei aber auf die für Körper und Geist wohltuenden Übungen und Tänze hingewiesen und ausdrücklich dazu ermuntert, Bewegung und Musik in Ihr Programm mit einzuplanen.

Betrachten Sie die Modelle dieses Buch als Anregung! Wählen Sie aus, ändern Sie ab, bereichern Sie die Vorschläge um Ihre eigenen Gedanken und Ideen, probieren Sie etwas aus, beschreiten Sie neue Wege. Der Erfolg wird es Ihnen danken.

Viele schöne Nachmittage mit Ihrer Gruppe wünscht Ihnen

Ihr Hanns Sauter

Frühling

Der Frühling bringt Blumen
Ein Nachmittag zum Jahreszeitenlied

Thema
Die Jahreszeiten und damit auch die Jahreszeiten des Lebens sind immer wieder Thema unter den Senioren. Die Jahreszeit Frühling wird mit Kindheit und Jugend assoziiert. Wir erinnern uns aber nicht nur daran, sondern überlegen auch, was von dieser Zeit für unser Leben wichtig geblieben ist.

Vorbereitung
- Liedertexte bzw. Liederbücher
- Pro Person zwei oder drei Fotos aus der Kinder- und Jugendzeit
- Blumen, aus Buntpapier geschnitten
- Flip-Chart, Pinnwand, Stifte

Besondere Aufgaben
- SprecherIn für den Abschlusstext

Sitzordnung
- Kreis (gestaltete Mitte: Frühlingsblumen)
- Tischgruppen
- Kaffeetische

Dauer
60 bis 90 Minuten

Einführung
Je länger der Winter dauert, umso mehr sehnen wir uns nach dem Frühling. Wir freuen uns über die Natur, die wieder aufblüht, genießen die Sonnenstrahlen, die immer wärmer werden, staunen über die Vielfalt der Frühlingsblumen. Frühling bedeutet: aufbrechen, neu werden, Freude, Erwartung. Ähnlich ist es auch, wenn wir an den Frühling unseres Lebens denken, an unsere Kindheit und Jugend. Auch wenn es keine leichte Zeit gewesen ist, waren doch viele Hoffnungen und Erwartungen damit verbunden. Immer wieder sprechen wir davon: nostalgisch-wehmütig, still-verklärend oder auch rückblickend-traurig. – Singen wir zur Einstimmung in unser Thema »Frühling« das bekannte Jahreszeitenlied: »Es war eine Mutter, die

hatte vier Kinder«, und – wenn jemand welche vorschlägt – noch andere Frühlingslieder.

Lied
Es war eine Mutter, die hatte vier Kinder (siehe Kopiervorlage)

Gesprächsrunde: Frühling ist für mich
Wir haben jetzt den Frühling besungen. Da passt es gut, wenn wir uns jetzt noch kurz mitteilen, was wir alles mit »Frühling« verbinden. Wer möchte beginnen? Frühling ist für mich …

Mein Frühling
Wir schauen auf unsere Frühlingsjahre zurück. Zunächst sammeln wir Begriffe, die in unserer Kindheit und Jugend eine Rolle gespielt haben: Autorität, Gehorsam, Heimat; aber auch: Vertrauen, Geborgenheit, eigene Wege gehen, Erfahrungen sammeln usw. Wer ist so nett und schreibt diese Begriffe auf das Flip-Chart? *(Beiträge werden gesammelt.)*
Möchte jemand noch etwas zu seiner Wortmeldung sagen, z.B. was ihm Gehorsam oder Vertrauen heute bedeuten? Dann teilen wir uns in kleine Gruppen auf. Mit der Einladung zum heutigen Nachmittag war die Bitte verbunden, einige Fotos aus der Kindheit oder Jugend mitzubringen. Jetzt ist die Gelegenheit, diese Fotos zu zeigen und darüber zu sprechen: Was hat meine Kindheit oder Jugendzeit geprägt? Was möchte ich nicht vermissen? Was habe ich bis heute in schlechter Erinnerung? Welches Fazit kann ich heute über diese Jahre ziehen?

Der Frühling bringt Blumen
Wir haben über die Erfahrungen gesprochen, die wir mit »Frühling« verbinden. Wir möchten diese auch weitergeben an Kinder, Jugendliche oder junge Eltern von heute. Eine liebevolle Art, dies zu tun, ist jemandem etwas Gutes wünschen. Im Jahreszeitenlied haben wir gesungen: »Der Frühling bringt Blumen.« Hier sind aus Papier geschnittene Blumen vorbereitet. Wir wollen auf eine dieser Blumen einen Wunsch schreiben. Die einzelnen Blumen kleben wir dann auf einem Plakat zu einem Blumenstrauß zusammen und hängen dies *(im Pfarrzentrum, in der Kirche, im Kindergarten, in den Jugendräumen)* auf.

Abschluss
Wir schließen unsere Überlegungen mit einem Text ab, in dem es um die Erfahrung des Frühlings auch im Älterwerden geht. Frau N.N. liest ihn uns vor.

Text
Älterwerden

Das Anfangen
nicht verlernen
trotz allem Aufhören

Die Zukunftsträume
bei allem Rückblick
nicht übersehen

Den Verlusten
Gewinne
entgegensetzen

Sich verbünden
statt allein
unterwegs zu sein

Sich besinnen
und sich äußern

Dem eigenen Leben
auf der Spur bleiben

Mitwirken
statt zuschauen

Älter werden:
Herbst und Winter
auch Sommer
und Frühling

vor allem aber
die Einladung:
JETZT zu leben

aus: Bernhard Kraus, Nicht verlernen, was Anfangen heißt.
© Verlag Herder, Freiburg i. Br. 1999, S. 172

Ausklang
Wir setzen uns noch in gemütlicher Runde zusammen. Zum Kaffee gibt es heute
Brot mit verschiedenen Aufstrichen aus Frühlingskräutern.

Kopiervorlagen

Jahreszeitenlied

Es war ei - ne Mut - ter, die hat - te vier Kin - der,

den Früh - ling, den Som - mer, den Herbst und den Win - ter.

2. Der Frühling bringt Blumen, der Sommer den Klee,
   der Herbst, der bringt Trauben, der Winter den Schnee.

3. Und wie sie sich schwingen im Jahresreihn,
   so tanzen und singen wir fröhlich darein.

T/M: Volkslied aus Baden und der Pfalz

Vorlage für Papierblumen

Lebenskreuzweg
Eine Kreuzwegbetrachtung

Thema
Die Betrachtung des Kreuzweges Jesu ist eine Möglichkeit, das eigene Leben zu reflektieren: den Weg, den ich gehe, das Kreuz, das ich tragen muss, die Mängel, unter denen ich leide, die Fehler, die ich mache, die Hoffnung, die ich habe. Der Austausch darüber erfordert Vertrauen, ist aber auch ermutigend, denn er vermittelt mir, dass ich mit meinem Leid nicht alleine bin. Der Blick auf den sein Kreuz tragenden Jesus hilft und stärkt.

Vorbereitung
* Papier, Buntpapier, Karton
* Stifte
* Klebestift
* CD-Player und meditative Musik
* Liedtexte für alle (EGB 209, GL 191, Kopiervorlage)
* Kreuz und violettes Tuch für gestaltete Mitte
* Zutaten für die Fastensuppe (siehe Abschluss)

Sitzordnung
* Kreis
* Tische und Sitzgelegenheiten zum Basteln
* Kaffeetische

Dauer
60 bis 90 Minuten

Einführung
Wir sagen und spüren es oft: Unser Leben ist ein Weg, zeitweise ein Kreuzweg. Es stellt uns immer wieder vor Entscheidungen; es besteht manchmal aus Enttäuschungen, Entbehrungen, Irrwegen; es ist immer wieder überlagert von Leid und Sorgen. Der eine schleppt sein Kreuz alleine mit sich herum, die andere hat sich damit abgefunden, wieder ein anderer wartet auf jemanden, der ihm tragen hilft. Heute wollen wir miteinander Gedanken und Erlebnisse, Einsichten, Fragen und Sorgen teilen und dabei den Blick auf den Kreuzweg und das Kreuz Jesu nicht vergessen.

Stilles Gestalten

Zu Beginn sind alle eingeladen, mit dem bereitliegenden Material ein Kreuz oder eine Kreuzwegstation, die sie besonders betroffen macht, zu zeichnen oder zu gestalten. Dies geschieht möglichst in Stille; wir hören dazu leise Musik. Wenn alle fertig sind, finden wir uns wieder hier im Kreis zusammen.

Geschichte

Jeder von Ihnen hat nun ein Kreuz gestaltet. Sie kennen sicher folgende Geschichte über das Kreuztragen, von der es mehrere Varianten gibt: Ein Mensch beklagt sich bei Gott, sein Kreuz sei für ihn zu schwer. Er möchte es gegen ein passenderes eintauschen, dann sei er mit seinem Schicksal zufrieden. Gott führt ihn in die Kreuz-Werkstatt und lädt ihn ein, sich eines der dort liegenden Kreuze auszusuchen. Der Mensch probiert eines nach dem anderen aus. Endlich findet er eines, das genau auf seinen Rücken passt und nimmt es mit. Nicht lange, nachdem er es auf seinen Schultern trägt, stellt er fest, dass es sich um sein altes Kreuz handelt. Es war genau das Richtige für ihn.

Bevor wir einander unsere Gedanken zum Kreuztragen mitteilen, singen wir das Lied: »Ich möcht, dass einer mit mir geht«.

Lied

Ich möcht, dass einer mit mir geht (EGB 209)

Kreuz-Weg

Es kann eine der beiden Alternativen ausgewählt werden.

Erste Möglichkeit: Erläutern der selbst gefertigten Kreuzweg-Bilder

Ich lade Sie ein, jetzt mit kurzen Sätzen das Kreuz, das Sie gestaltet haben, zu erläutern und es dann in die Mitte zu dem dort schon aufgestellten Kreuz zu legen. Nach jedem Beitrag singen wir: »Beim Herrn ist Barmherzigkeit« (GL 191).

Zweite Möglichkeit: Kreuzwegbetrachtung

Wir betrachten nun den Kreuzweg Jesu, zumindest einige seiner Stationen, und zwar folgendermaßen: Zuerst wird die Station genannt. Wer möchte, kann nun zu dieser Station etwas sagen, z.B. ein Erlebnis, einen Gedanken, ein Gebet. Jeden Beitrag schließen wir ab mit der Formel: »Wir beten dich an, Herr Jesus Christus, und preisen dich, denn durch dein heiliges Kreuz hast du die ganze Welt erlöst.« Danach wird die zweite Station genannt und auf dieselbe Weise betrachtet, dann die dritte usw. Die einzelnen Beiträge diskutieren oder kommentieren wir nicht, sondern wir lassen sie so stehen, wie sie gesagt wurden.

Erste Station: Jesus wird zum Tode verurteilt.
Wer möchte zu dieser Station etwas sagen? Ein Erlebnis oder eine Begebenheit erzählen? Ein Gebet oder eine Fürbitte sprechen? *(Nach dem Beitrag sprechen alle:)*

Alle: Wir beten dich an, Herr Jesus Christus, und preisen dich …

Ebenso für die folgenden Kreuzwegstationen.

Zweite Station: Jesus nimmt das Kreuz auf seine Schultern.
Dritte Station: Jesus fällt zum ersten Mal unter dem Kreuz.
Vierte Station: Jesus begegnet seiner Mutter.
Fünfte Station: Simon von Zyrene hilft Jesus das Kreuz tragen.
Sechste Station: Veronika reicht Jesus das Schweißtuch.
Siebte Station: Jesus fällt zum zweiten Mal unter dem Kreuz.
Achte Station: Jesus begegnet den weinenden Frauen.
Neunte Station: Jesus fällt zum dritten Mal unter dem Kreuz.
Zehnte Station: Jesus wird seiner Kleider beraubt.
Elfte Station: Jesus wird ans Kreuz genagelt.
Zwölfte Station: Jesus stirbt am Kreuz.
Dreizehnte Station: Jesus wird vom Kreuz abgenommen und in den Schoß seiner Mutter gelegt.
Vierzehnte Station: Der heilige Leichnam Jesu wird in das Grab gelegt.

Abschluss
Zum Abschluss hören wir einen Meditationstext über das Kreuz:

Meditationstext
Kreuz
vertraut und fremd,
gefürchtet und doch getragen,
erlebt und erlitten,
verwünscht und ertragen.
Wer sagt mir,
dass ich gehalten bin,
wenn ich falle,
wenn nicht du?

Wer sagt mir,
dass es Trost gibt,

wenn ich ihn brauche,
wenn nicht du?

Wer sagt mir,
dass durchkreuzte Wege
keine Sackgassen sind,
wenn nicht du?

Wer sagt mir,
dass ich nicht alleine bin,
dass einer mit mir geht,
wenn nicht du?

Kreuz
vertraut und gefürchtet,
erlebt und erlitten,
verwünscht und ertragen:
Du sagst,
dass ich gehalten bin,
gehalten von dem,
der auf krummen Linien gerade schreibt.

Lied
Heilges Kreuz, sei hoch verehret (siehe Kopiervorlage)

Ausklang
Zum Ausklang gibt es eine einfache Agape mit einer Fastensuppe.

Rezept Fastensuppe
Zutaten: 2,5 l Wasser, 300 g würfelig geschnittene Kartoffeln, Salz, Kümmel, 0,25 l Buttermilch, 0,25 l Sauerrahm, 2 Esslöffel Mehl.
Zubereitung: Das Wasser zum Kochen bringen, Salz und Kümmel dazugeben, die Kartoffeln dazugeben und weich kochen. Die Buttermilch mit dem Mehl glatt rühren, dazugeben und verkochen lassen. Zuletzt den glatt gesprudelten Sauerrahm einrühren, aber nicht mehr kochen. Mit Schwarzbrot servieren.

Kopiervorlagen

Heilges Kreuz, sei hoch verehret

1. Heil - ges Kreuz, sei hoch - ver - eh - ret,

Baum, an dem der Hei - land hing,

wo sich sei - ne Lieb be - wäh - ret,

Lieb, die bis zum To - de ging.

1.-4. Sei mit Mund und Herz ver - eh - ret,

Kreuz - stamm Chris - ti, mei - nes Herrn;

einst - mals sehn wir dich ver - klä - ret,

strah - lend gleich dem Mor - gen - stern.

18

Frühling

2. Heilges Kreuz, sei unsere Fahne, / die uns führt durch Kampf und und Not; /
Die uns halte, die uns mahne, treu zu sein bis in den Tod.
Sei mit Mund und Herz verehret, …

3. Heilges Kreuz, du Siegeszeichen, selig, wer auf dich vertraut;
sicher wird sein Ziel erreichen, wer auf dich im Leben schaut.
Sei mit Mund und Herz verehret, …

4. Kreuz, du Denkmal seiner Leiden, präg uns seine Liebe ein,
Dass wir stets die Sünde meiden, stets gedenken seiner Pein!
Sei mit Mund und Herz verehret, …

T/M: Volksmissionslied, Passau 1866

Der Osterstrauß zum Nachdenken
Was gehört wirklich zum Osterfest?

Thema

In den Schaufenstern und in der Werbung sind Osterschmuck und Ostersymbole schon lange vor dem Osterfest zu sehen; Osterhasen und Ostereier gibt es schon bald nach dem Weihnachtsfest zu kaufen. Was ist das Eigentliche des Osterfestes? Was ist seine Mitte? Was führt zur Mitte hin? Was hat mit Ostern keinen Zusammenhang mehr? Wir versuchen dies zu unterscheiden und zuzuordnen.

Vorbereitung

- Palmkätzchenzweige
- Bodenvase
- Ostereier aus buntem Karton geschnitten und mit Aufhängefaden versehen
- Stifte
- Liedtexte (Kopiervorlage)
- Bibel, Bibelkonkordanz, Lexika, Bücher zu österlichem Brauchtum zum Nachschlagen in Zweifelsfällen

Besondere Aufgaben

- HelferInnen zum Aufhängen der Ostereier

Sitzordnung

- Tischgruppen oder Kreis

Dauer

60 Minuten

Einführung

Ein Osterstrauß aus Palmkätzchenzweige, die mit bunten Eiern behängt sind, schmückt fast jede Wohnung. Er schmückt auch Kirchen oder Pfarrzentren. Wir wollen heute einen Osterstrauß gestalten, der nicht nur Schmuck ist, sondern der auch zum Nachdenken und Diskutieren anregt. Hier sind Ostereier *(siehe Kopiervorlagen)*, die aus Papier geschnitten sind, vorbereitet und hier steht eine Blumenvase mit Palmkätzchenzweigen. Wir nehmen uns nun einige dieser Ostereier und schreiben darauf je einen Begriff, der etwas mit Ostern zu tun hat *(Osterhase, Oster-*

spaziergang, Osterei, Auferstehung, Leben, leeres Grab, Osterschinken, Feiertage, Familientreffen, Osternacht usw.). Für jeden Begriff bitte ein eigenes Osterei verwenden! Wer seine Ostereier beschriftet hat, kommt mit diesen wieder in den Kreis zurück.

Sammeln der Beiträge und Diskussion

Alle Ostereier sind nun beschriftet. Wer möchte beginnen und vorlesen, was er darauf geschrieben hat? Wir entscheiden dann zusammen darüber, was mehr oder was weniger mit dem Osterfest zu tun hat. Falls Unklarheiten bestehen, können wir in diesen Büchern nachschauen. Die Eier mit den Aussagen, die mit dem Osterfest direkt zusammenhängen, kommen ins Zentrum des Palmkätzchenstraußes, die anderen eher an den Rand. Wenn alle Ostereier aufgehängt sind, überlegen wir uns, was für uns das Wichtigste an Ostern ist, und bringen es dann in die Schlussrunde ein. Den Osterstrauß lassen wir als Anregung für die anderen während der Osterzeit im Pfarrzentrum stehen.
(Nachdem die Ostereier aufgehängt wurden:) Beginnen wir nun mit unserer Schlussrunde: An Ostern ist für mich am Wichtigsten …

Abschluss

Wir haben uns heute viele Gedanken über das Osterfest gemacht. Schenken wir uns zum Schluss noch ein Osterei! Es gibt hier noch Eier, die nicht beschriftet sind. Jede und jeder nimmt sich eines, schreibt darauf einen Osterwunsch und tauscht das Ei mit jemandem anderen. Dann sprechen wir noch ein Segenswort.

Segen

Wie das Licht am Ostermorgen, so leuchte uns, Gott, dein Segen. Christus ist auferstanden! Sein Friede begleite uns, seine Freude erfülle uns und seine Liebe beflügle uns. Gott, bewahre in uns diesen Glauben: Jesus lebt. Daher können auch wir leben!

Singen wir noch ein schwungvolles, kurzes Lied, in dem die ganze Freude über Ostern ausgedrückt ist:

Lied

Ich freu mich schon so auf Ostern (siehe Kopiervorlagen)

Variante 1

Die ausgeschnittenen Eier nicht an Zweige hängen, sondern daraus eine Collage gestalten und diese in der Kirche oder im Pfarrzentrum aufhängen.

Variante 2
Oster-ABC

Das Oster-ABC ist eine Variante des »Osterstraußes«. Man kann auch zu anderen Festen oder Anlässen ein solches ABC gestalten: Fastenzeit, Advent, Weihnachten, Erntedank, Erstkommunion, Firmung.

Vorbereitung
- Notizzettel und Stifte
- Pinnwand und Nadeln oder lange Schnur und Büroklammern

Einführung
Alle erhalten Zettel und einen Stift zum Schreiben. Ich rufe langsam die Buchstaben des Alphabetes. Wem zu einem Buchstaben ein Begriff einfällt, der mit Ostern zu tun hat, schreibt ihn auf den Zettel. Für jeden Begriff bitte einen neuen Zettel nehmen! Am Ende besprechen wir die Begriffe *(Beispiele: A = Auferstehung, B = Buchs, E = Eiermalfarbe, F = Frauen, G = Grab … bis Z = Zuckerei.).*
Nun ordnen wir die Zettel alphabetisch und befestigen sie an der Pinnwand (Schnur) und tauschen uns über die einzelnen Begriffe aus. Was hat davon mehr, was weniger mit Ostern zu tun und was gar nicht?

Ausklang
Heute lassen wir den Nachmittag ausklingen mit Getränken und Osterbrot!

Kopiervorlagen

Ich freu mich schon so auf Ostern

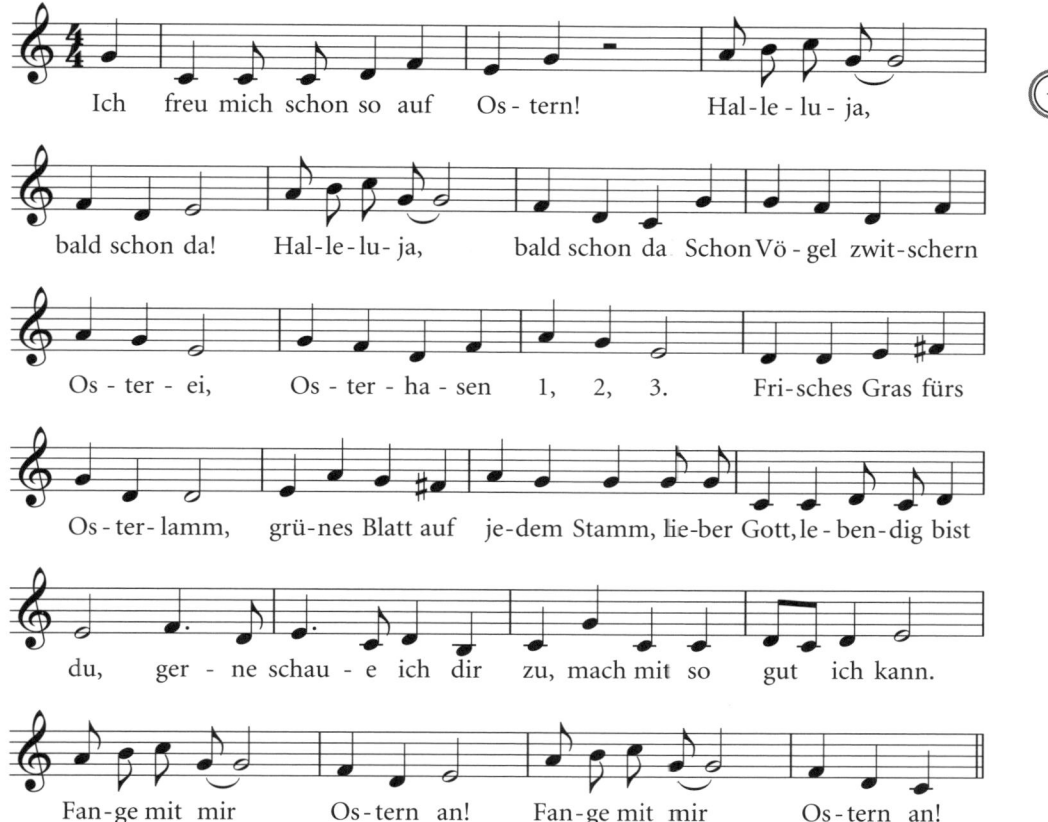

Ich freu mich schon so auf Os-tern! Hal-le-lu-ja,
bald schon da! Hal-le-lu-ja, bald schon da Schon Vö-gel zwit-schern
Os-ter-ei, Os-ter-ha-sen 1, 2, 3. Fri-sches Gras fürs
Os-ter-lamm, grü-nes Blatt auf je-dem Stamm, lie-ber Gott, le-ben-dig bist
du, ger-ne schau-e ich dir zu, mach mit so gut ich kann.
Fan-ge mit mir Os-tern an! Fan-ge mit mir Os-tern an!

T/M/©: Claudia Humele

Ostereier

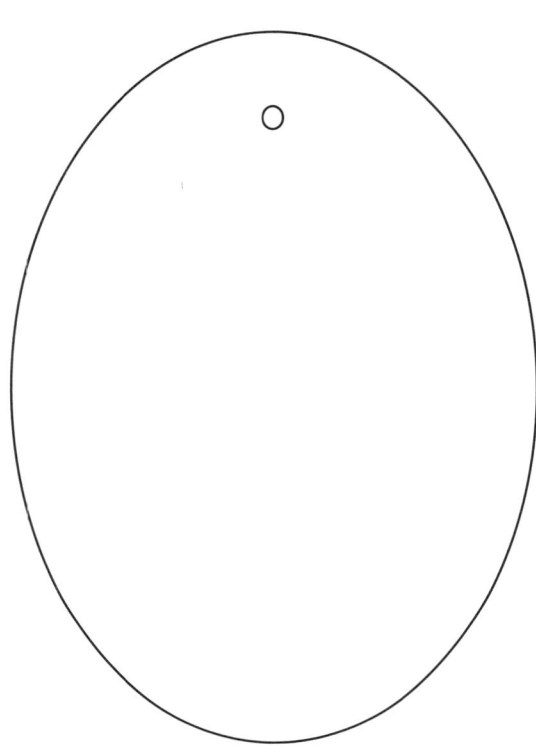

Jesus, unser Licht
Ein österlicher Nachmittag

Thema

Jede kennt schöne Stunden und schwere Stunden. Jeder kennt Hoffnungen, Zweifel, enttäuschte Hoffnungen, aber auch eine überraschende Wende in einer aussichtslosen Situation. Die Geschichte der Emmaus-Jünger erzählt von einer solchen Wende. An ihrem Beispiel sehen wir, dass »Auferstehung« geschieht, wenn keiner damit rechnet. Auch wir kennen solche Erfahrungen. Es ist gut, diese einmal bewusst in den Blick zu nehmen.

Vorbereitung
*   Bilder aus Zeitungen, Zeitschriften, Kalendern, die schöne und dunkle Seiten des Lebens zeigen.
*   Scheren
*   Klebestift
*   Zwei große Kartons, auf denen die Bilder zu einer Collage gestaltet werden.
*   Text Lk 24,13–35 für alle
*   Eine große Osterkerze
*   Kleine Kerzen und Untersetzer für alle
*   Blumenstrauß
*   Liedtexte (Kopiervorlage)

Sitzordnung
*   Kreis (gestaltete Mitte: Osterkerze und Blumenstrauß)
*   Tische und Sitzgelegenheiten zum Werken
*   Kaffeetische

Dauer
60 bis 90 Minuten

Einführung

Freud und Leid, Hoffnung und Enttäuschung, Aufbruchsstimmung und Resignation liegen oft dicht beieinander. Wir wissen das aus eigener Erfahrung. In den Tagen vor und nach Ostern hören und lesen wir dazu auch viel aus dem Evangelium. Immer wieder geht es um die Frage: Was ist stärker, das Dunkel oder das Licht? Die Osterbotschaft lautet: Jesus ist unser Licht. Jesu Licht ist stärker. Gibt es dazu Anhaltspunkte – nicht nur aus dem Evangelium, sondern auch aus unserem Leben? Heute Nachmittag nehmen wir uns Zeit, uns mit dieser Frage zu beschäftigen.

Gestalten
Wir teilen uns jetzt in zwei Gruppen. Die eine Gruppe sucht aus den hier vorbereiteten Bildern welche, die dunkle Seiten des Lebens zeigen, und stellt daraus eine Collage zusammen; die zweite Gruppe tut dies mit Bildern, die schöne Seiten des Lebens zeigen. Die fertigen Collagen stellen wir dann einander gegenüber und betrachten sie.

Bildbetrachtung
Was unterscheidet die Menschen von der »dunklen Seite« von denen der »hellen Seite«? Was sagen uns ihre Gesichter, ihre Körperhaltung? Was ist mit ihnen geschehen, was fehlt den einen, was haben die anderen? Kennen wir solche Erfahrungen von uns selbst?

Unsere Erfahrungen und das Wort des Evangeliums
Ich teile Ihnen jetzt ein Arbeitsblatt aus. Es enthält das Evangelium von den Emmaus-Jüngern. In diesen können wir die Erfahrungen, von denen wir eben gesprochen haben, entdecken. Wir können aber auch sehen, wie die Jünger aus ihrer dunklen Situation herausgefunden haben. Auf dem Arbeitsblatt steht nicht nur der Text des Evangeliums, sondern auch einige Fragen zum Nachdenken. Setzen Sie sich nun in Gruppen zu zwei oder drei Personen zusammen. Lesen Sie das Evangelium und sprechen Sie miteinander über die gestellten Fragen *(siehe Kopiervorlagen)*.

Vertiefung und Gebet
Wir vertiefen unsere Gedanken mit Hilfe des Osterlichtes. Vor uns steht die Osterkerze. Sie ist Symbol für Jesus. In der Osternacht hat sich ihr Licht in der dunklen Kirche ausgebreitet. Aus Jerusalem stammt der Brauch, das Licht der Osterkerze weiterzugeben und in den Häusern und Wohnungen aufzustellen. Dieser Brauch sagt: Jesus ist das Licht eines jeden von uns. Er möchte, dass es überall hell ist. Als es durch die Begegnung mit Jesus in den Emmaus-Jüngern hell geworden ist, sind sie nach Jerusalem zurück geeilt, um den anderen Aposteln dieses Licht zu bringen. Sie haben verstanden: »Jesus ist mein Licht. Er ist aber auch Licht für die anderen. Das soll ich ihnen sagen.« Nun erhält jede und jeder eine Kerze. Ich schlage vor, dass alle ihre Kerze an der Osterkerze anzünden und dazu die Worte sprechen: »Jesus ist mein Licht!« Beim Kerzenanzünden sind wir uns natürlich behilflich! Wenn alle ihre Kerze angezündet haben, halten wir die brennenden Lichter in

der Hand und denken an die vielen, die für ihr Leben kein Licht sehen. Wer möchte, kann Namen oder Anliegen nennen und stellt seine Kerze zur Osterkerze. Auf die Anliegen antworten wir alle mit den Worten: »Jesus, sei Licht!«

Lied
Zwei Jünger gingen (siehe Kopiervorlage)

Ausklang
Wir setzen uns noch zusammen zu einer österlichen Kaffeetafel!

Weitere Ideen
- Das Osterlicht zu Krankenbesuchen, Gottesdiensten in Heimen oder Pflegestationen mitnehmen.
- Der Seniorenkreis übernimmt es, an Friedhöfen, an bestimmten Gräbern sowie an Kriegerdenkmälern oder Gedächtniskapellen eine Osterkerze aufzustellen und mit dem Osterlicht anzuzünden.

▨ Kopiervorlagen

Arbeitsblatt: Der Emmaus-Gang

Die Begegnung mit dem Auferstandenen auf dem Weg nach Emmaus
Am gleichen Tag waren zwei von den Jüngern auf dem Weg in ein Dorf namens Emmaus, das sechzig Stadien von Jerusalem entfernt ist. Sie sprachen miteinander über all das, was sich ereignet hatte. Während sie redeten und ihre Gedanken austauschten, kam Jesus hinzu und ging mit ihnen. Doch sie waren wie mit Blindheit geschlagen, so dass sie ihn nicht erkannten. Er fragte sie: Was sind das für Dinge, über die ihr auf eurem Weg miteinander redet? Da blieben sie traurig stehen, und der eine von ihnen – er hieß Kleopas – antwortete ihm: Bist du so fremd in Jerusalem, dass du als einziger nicht weißt, was in diesen Tagen dort geschehen ist? Er fragte sie: Was denn? Sie antworteten ihm: Das mit Jesus von Nazaret. Er war ein Prophet, mächtig in Wort und Tat vor Gott und dem ganzen Volk. Doch unsere Hohenpriester und Führer haben ihn zum Tode verurteilen und ans Kreuz schlagen lassen. Wir aber hatten gehofft, dass er es sei, der Israel erlösen werde. Und dazu ist heute schon der dritte Tag, seitdem das alles geschehen ist. Aber nicht nur das: Auch einige Frauen aus unserem Kreis haben uns in große Aufregung versetzt. Sie waren in der Frühe beim Grab, fanden aber seinen Leichnam nicht. Als sie zurückkamen, erzählten sie, es seien ihnen Engel erschienen und hätten gesagt, er lebe. Einige von uns gingen dann zum Grab und fanden alles so, wie

die Frauen gesagt hatten; ihn selbst aber sahen sie nicht. Da sagte er zu ihnen: Begreift ihr denn nicht? Wie schwer fällt euch, alles zu glauben, was die Propheten gesagt haben. Musste nicht der Messias all das erleiden, um so in seine Herrlichkeit zu gelangen? Und er legte ihnen dar, ausgehend von Mose und allen Propheten, was in der gesamten Schrift über ihn geschrieben steht. So erreichten sie das Dorf, zu dem sie unterwegs waren. Jesus tat, als wolle er weitergehen, aber sie drängten ihn und sagten: Bleib doch bei uns; denn es wird bald Abend, der Tag hat sich schon geneigt. Da ging er mit hinein, um bei ihnen zu bleiben. Und als er mit ihnen bei Tisch war, nahm er das Brot, sprach den Lobpreis, brach das Brot und gab es ihnen. Da gingen ihnen die Augen auf und sie erkannten ihn; dann sahen sie ihn nicht mehr. Und sie sagten zueinander: Brannte uns nicht das Herz in der Brust, als er unterwegs mit uns redete und uns den Sinn der Schrift erschloss? Noch in derselben Stunde brachen sie auf und kehrten nach Jerusalem zurück, und sie fanden die Elf und die anderen Jünger versammelt. Diese sagten: Der Herr ist wirklich auferstanden und ist dem Simon erschienen. Da erzählten auch sie, was sie unterwegs erlebt und wie sie ihn erkannt hatten, als er das Brot brach.
Lk 24, 13–35

Impulsfragen

- Welche Schritte helfen den Jüngern aus ihrer Niedergeschlagenheit heraus?
- »Auferstehen« können wir auch umschreiben mit: »lebendig werden«, »aufleben«, »ein Licht erblicken«. Inwiefern machen die Jünger eine Auferstehungserfahrung?
- Kennen wir solche Auferstehungserfahrungen auch aus unserem Leben? Haben sie etwas in uns verändert? Können / wollen wir darüber jetzt sprechen?

Zwei Jünger gingen

1. Zwei Jün-ger gin-gen voll Not und Zwei-fel, trau-rig war ihr Ge-sicht. Doch da kam Je-sus und sprach mit ih-nen und plötz - lich wur-de es Licht.

Refr.: Blei - be bei uns, weil es A - bend wird, blei-be bei uns, o Herr! Blei - be bei uns, weil es dun - kel ist, blei-be bei uns, o Herr!

T/M: Helga Poppe, © Präsenz-Verlag, D-65597 Gnadenthal

Der schönste Tag meines Lebens
Erstkommunionvorbereitung früher und heute

Thema

Die Feier der Erstkommunion der Kinder ist für diese, für ihre Familien und für die ganze Pfarrei ein wichtiges Ereignis. Ältere Menschen erinnern sich dabei an ihre eigene Erstkommunionfeier und vergleichen diese mit den heutigen. Dieser Vorschlag zur Gestaltung eines Nachmittages zum Thema Erstkommunionvorbereitung geht auf ihren Wandel ein und regt den Seniorenkreis an, darüber zu sprechen, was dieser Tag bewirkt hat, sowie zu überlegen, was er zur jährlichen Erstkommunionfeier der Kinder beitragen kann.

Vorbereitung

*   Erstkommunionandenken von früher (Gebetbuch, Rosenkranz, Kerze, Bildchen, Fotos usw.). Die Senioren und Seniorinnen vorher bitten, solche mitzubringen.
*   Gebet für die Erstkommunionkinder (Kopiervorlage)
*   Schreibpapier
*   Stifte

Besondere Aufgaben

*   Verantwortliche für die Erstkommunionvorbereitung der Pfarrei

Sitzordnung

*   Kreis (gestaltete Mitte: Erstkommunion-Andenken)
*   Kaffeetische

Dauer

60 bis 90 Minuten

Einführung

Das Wort »Erstkommunion« sorgt immer wieder für Gesprächsstoff und Diskussionen. Wir denken an unsere Erstkommunionvorbereitung und -feier und vergleichen diese mit den Feiern von heute. Wir erinnern uns an den Ablauf der Stunden, an die Feier des Gottesdienstes, an die Gestaltung des Tages, an unsere Geschenke. Einige von Ihnen haben heute ein Andenken an die Feier Ihrer Erstkommunion mitgebracht. Was bewegt uns, wenn wir an unsere Erstkommunion denken? Wer möchte etwas erzählen und dabei das mitgebrachte Andenken vorstellen?

Gespräch mit dem/der Verantwortlichen für die Erstkommunionvorbereitung

Zunächst einmal ein Dankeschön für Ihre Berichte und Erinnerungen. Sie haben die Zeit von damals wieder gut in Erinnerung gerufen. Einiges davon möchte ich kurz zusammenfassen: Damals waren mehr Kinder bei der Erstkommunion als heute, die Vorbereitungsstunden waren zwar nicht in der Schule, aber wie Schulstunden, es gab keine kostspieligen Geschenke usw.

Wie schaut im Gegensatz dazu die Erstkommunionvorbereitung heute aus? Frau N.N., die bei uns dafür verantwortlich ist, wird uns jetzt darüber berichten. Frau N.N., wie viele Kinder gehen in diesem Jahr zur Erstkommunion? Wie lange dauert die Vorbereitungszeit? Welche Themen werden besprochen? Wird dieses Jahr während der Vorbereitung, wie vor einigen Jahren schon einmal, wieder ein Erstkommunionkind getauft? Und was für uns Senioren auch wichtig ist: Was können wir, sowohl als Einzelne, als auch als Seniorenkreis unserer Pfarrei zur Erstkommunionvorbereitung und zur Feier beitragen?

Gespräch in Kleingruppen

Wir danken Ihnen, Frau N.N., für das Gespräch. Wir danken auch für alle Mühe, die sich das Vorbereitungsteam macht, den Kindern und Eltern zu vermitteln, worum es bei der Erstkommunion, besser gesagt, bei der Eucharistie, geht. Abschließend ist es gut, wenn wir nochmals für uns selbst nachdenken: Was hat die Erstkommunionvorbereitung für mein Leben bewirkt? Es gibt ja den Satz: »Der Erstkommuniontag ist der schönste Tag in deinem Leben.« Ist das wirklich so gewesen? Was denken Sie darüber? Tauschen Sie sich mit Ihren Nachbarn aus!

Abschluss

Zum Abschluss beten wir gemeinsam das »Gebet zur Erstkommunionvorbereitung« *(siehe Kopiervorlage).*

Dann habe ich noch eine Idee. Ich lege hier ein Schreibpapier auf. Wer von Ihnen möchte, schreibt darauf ein paar Sätze für unsere Kommunionkinder: Einen Glückwunsch, einen Bibelvers, ein Segenswort oder einen anderen passenden Spruch. Wir stellen daraus ein Glückwunschblatt zusammen, kopieren und schenken es jedem Erstkommunionkind am Festtag.

Ausklang

Sicher gibt es die eine oder die andere Frage, die wir noch mit unserem Erstkommunion-Team besprechen möchten. Dazu besteht noch die Möglichkeit jetzt bei Kaffee und Kuchen. Alle, die noch Zeit haben, sind herzliche eingeladen!

Anregungen

*   Wenn das Thema Erstkommunion bereits zu Beginn der Erstkommunionvorbereitung besprochen wird, besteht mehr Zeit für Möglichkeiten, die Senioren in die Vorbereitung mit einzubeziehen.
*   Möglichkeiten: Regelmäßiges Gebet für Kinder, Eltern und Vorbereitungsteam (Rosenkranz in der Kirche, privat, Fürbitten in den Werktagsgottesdiensten); auf die Kinder und die Eltern bewusst zugehen; Erstkommunionkinder und Seniorenkreis proben gemeinsam die Lieder für die Festmesse.
*   Auf ähnliche Weise können auch Taufe, Firmung, Hochzeit, Begräbnis thematisiert werden.

Kopiervorlagen

Gebet zur Erstkommunionvorbereitung

Herr, unser Gott, aus unserer Gemeinde bereiten sich *(Anzahl)* Kinder auf ihre erste Kommunion vor. Sie möchten ihre Freundschaft mit Jesus vertiefen und im Glauben wachsen. Dies ist heute nicht leicht, denn vieles lenkt von ihm ab und viele Menschen geben in ihrem Leben dem Glauben wenig Raum.

Wir bitten dich: Begleite alle, die an der Erstkommunionvorbereitung beteiligt sind. Der Same, den sie säen, möge auf fruchtbaren Boden fallen und auch in Zeiten der Dürre nicht verloren gehen. Mögen den Kindern auch immer wieder Menschen begegnen, die ihren Glauben lieben und die danach leben! Lass auch in ihren Angehörigen den Glauben wachsen und vollende in allen das gute Werk, das du selbst in ihnen begonnen hast. Amen.

Was ich dir einmal sagen möchte
Muttertag seitenverkehrt

Thema

»Muttertag« gehört zu den sensiblen Themen im Seniorenkreis. Einerseits ist die Erwartung nach einer Muttertagsfeier da, andererseits wächst die Zahl der älteren Frauen, die nicht Mutter sind. Manche mögen den Muttertag nicht, weil er ihrem Frauen- und Mutterbild nicht entspricht. Andere erwarten, am Muttertag beglückwünscht und beschenkt zu werden. Die Wahrscheinlichkeit, dass bei einer Muttertagsfeier Emotionen aufbrechen, ist daher groß. Sinnvoll bei einer Feier ist, die von einer Mutter immer wieder geforderten Eigenschaften anzusprechen wie: Geborgenheit vermitteln, Vertrauensperson sein, Vorbildfunktion haben, Durchsetzungsvermögen zeigen. Der Vorschlag versucht, viele dieser Gesichtspunkte und Erwartungshaltungen einzubeziehen.

Vorbereitung

*   Bilder von Kindern, Jugendlichen, jungen Frauen und Männern, jungen Paaren (aus Kalendern oder Zeitschriften)
*   Tische, um die Bilder aufzulegen
*   Liedtexte (Kopiervorlage)
*   Text zur Geschichte des Muttertags für die Sprecherin
*   Stifte
*   Schreibpapier, evtl. mit Schmuckrand versehen
*   Briefumschläge
*   Klebestift
*   Typische Muttertagsgeschenke: Blumen, Schokolade, Parfüm, Bastelarbeiten von Kindern
*   Ein Blumenstrauß, von dem zum Abschluss jede Frau eine Blume erhält

Besondere Aufgaben

*   Sprecherin (Geschichte des Muttertags)
*   Kindergruppe (kommt zum Abschluss)

Sitzordnung

*   Kreis (gestaltete Mitte: Muttertagsgeschenke)

Dauer

90 Minuten

Einführung

Jedes Jahr am zweiten Sonntag im Mai feiern wir Muttertag. Er gehört einerseits zu den Fixpunkten im Frühjahr, gerät aber auch bei Frauen immer wieder in die Kritik. Manche möchten auf ihn nicht verzichten, andere fürchten sich davor, wieder anderen ist er gleichgültig. Die Muttertagsgeschenke, die in der Mitte unseres Kreises zu sehen sind, erinnern an viele Muttertage! Wie dem auch sei, ich denke, es ist ganz interessant, einmal zu hören, wie der Muttertag entstanden ist. Frau N.N. hat sich dazu auf die Suche gemacht und liest uns jetzt vor, was sie gefunden hat:

Text: Zur Geschichte des Muttertags

Der Muttertag ist ein noch junger Feiertag. Zwar haben schon die antiken Griechen ein Frühlingsfest zu Ehren von Rhea, der Mutter des Zeus, gefeiert, doch hat das keinen Zusammenhang mit unseren Muttertagsfeiern. Diese gehen auf die Amerikanerin Ann Jarvis zurück. Sie beging den ersten Todestag ihrer Mutter, den 5. Mai 1906, mit einer Dankes- und Gedenkfeier, zu der sie Freunde, Bekannte und Verwandte einlud. Diese Feier gilt als die Geburtsstunde unseres Muttertags. Präsident Wilson erklärte am 8. Mai 1914 im amerikanischen Kongress den Muttertag zum nationalen Feiertag. Die Heilsarmee, die internationale Muttertagsgesellschaft und die Organisationen der Floristen und Blumenhändler verbreiteten den Muttertag über Amerika hinaus. In Deutschland wurde er 1922 eingeführt, als öffentlicher Erweis von Anerkennung und Dankbarkeit an die Mütter. Ann Jarvis aber, die »Mutter des Muttertages« wurde inzwischen zu dessen schärfster Kritikerin. Sie musste nämlich sehen, dass im Laufe weniger Jahrzehnte der Muttertags-Gedanke immer mehr kommerzialisiert wurde und dass sein eigentliches Anliegen, die Arbeit der Mütter in das ihr zukommende Licht zu rücken und ihnen dafür zu danken, ins Hintertreffen geriet. »Ich wollte, dass es ein Tag des Nachdenkens und nicht des Profits ist«, soll sie gesagt haben.

Ja, soviel zur Geschichte des Muttertages. Herzlichen Dank, Frau N.N.! Wir haben das Anliegen des Muttertages gehört: Ins rechte Licht zu rücken, was Mütter und Frauen leisten – im Stillen, selbstverständlich, meistens unbedankt. Lassen wir einmal die Frage offen, ob dieses Anliegen auch bei den Muttertagsfeiern immer so richtig herauskommt. Überlegen wir einmal, was für uns als Mutter wichtig gewesen ist oder wäre, wo wir für jemanden zur Mutter geworden sind, auf welche Weise wir auch jetzt eine Mutterrolle ausüben. Dazu sucht sich jede von Ihnen aus den hier auf den Tischen bereitgelegten Bildern eines aus, das sie an ein Erlebnis mit Kindern (mit den eigenen, mit anderen, mit jungen Menschen) erinnert und an eine Eigenschaft, auf die es dabei besonders angekommen ist.

Gespräch

Wenn alle ein Bild ausgewählt haben, setzen wir uns wieder im Kreis zusammen. Jede ist eingeladen, ihr Bild zu erläutern und ihre Gedanken darüber zu erzählen. Wenn jemand nichts sagen, sondern nur zuhören oder nachdenken möchte, dann ist auch das möglich.

Einzelarbeit

Danke allen für Ihre Beiträge, ganz besonders aber für das damit verbundene Vertrauen! Wir haben doch auch viel Persönliches voneinander erfahren! Ich lade Sie nun nochmals ein, das von Ihnen ausgewählte Bild zu betrachten und sich vor allem mit dem Kind, an das Sie dieses Bild erinnert, auseinanderzusetzen. Vielleicht gibt es etwas, was Sie ihm sagen möchten: Ein Lob oder eine Anerkennung, einen Wunsch oder eine Bitte, eine Entschuldigung oder ein Kompliment. Schreiben Sie das auf! Schreibpapier dafür ist vorbereitet und wenn Sie das Bild dazu brauchen, dürfen Sie es selbstverständlich verwenden. Anlässlich des Muttertages können Sie das Blatt Ihrem Kind übergeben oder zuschicken. Selbstverständlich können Sie auch Gedanken aufschreiben, die nur für Sie selbst bestimmt sind.

Abschluss

Bis jetzt haben wir uns mit einer mehr ernsthaften Seite des Muttertages beschäftigt. Nun soll das Feiern nicht zu kurz kommen. Wie es zum Muttertag gehört, sind inzwischen Kinder aus dem Kindergarten / der Kindergruppe gekommen. Sie möchten uns mit einem kleinen Programm Freude machen. Wir begrüßen sie mit einem herzlichen Applaus und sind schon ganz gespannt auf das, was sie für uns eingeübt haben!

Einen ganz herzlichen Dank an alle! Singen wir zum Abschluss gemeinsam noch ein Lied und dann lassen wir uns alle eine Muttertagstorte oder ein Eis schmecken!

Lied

Zum Muttertag wünsch ich dir heut' (siehe Kopiervorlagen)

Ausklang

Kaffeetafel mit Eis und Muttertagstorte. Jede Frau erhält eine Blume aus dem Blumenstrauß zum Abschied.

Zum Muttertag wünsch ich dir heut

Ref.: Zum Mut-ter-tag wünsch ich dir heut ein we-nig Zeit für dich!

Komm setz dich her, ge-nieß mit Freud den Ku-chen auf dem Tisch!

Und je-de Blu-me aus dem Strauß sei ein Dan-ke-schön von

mir. Zum Mut-ter-tag al-les Gu-te dir!

1. Kein Par-fum, nicht Scho-ko-la-de schen-ke ich dir heut!

ver-brin-gen wir doch mit-ein-an-der Zeit!

2. Einfach teure Dinge schenken
   und schnell wieder geh'n,
   hab ich von dir nicht gelernt, sondern tiefer seh'n!

3. So sind wir beisammen,
   feiern froh diesen Tag,
   keiner so bald nach Hause gehen mag.

T/M/©: Claudia Humele

Ich sehe dich in tausend Bildern
Mein Zugang zur Gottesmutter

Thema
Jeder Christ und jede Christin hat einen eigenen Zugang zur Gottesmutter. Man mag ein
glühender Marienverehrer sein oder die Marienfrömmigkeit – zumindest einige ihrer Formen – ablehnen, so ganz kommt man nicht um sie herum. In diesem Beitrag geht es nicht um
eine Verehrung Marias, sondern darum, Grundeinstellungen ihres Lebens in unser Leben
hineinzunehmen. Hierbei darf auch durchaus kritisch gefragt werden.

Vorbereitung
- Marienbilder: als Powerpoint-Präsentation, oder als Kopien auf Overhead-Folien, Dias
  oder große Drucke oder Kunstdrucke
- Projektor
- Marienstatue oder Marienbild, Blumen, Kerzen (für Abschluss)
- Feuerzeug
- Liedtexte (GL 594 – andere Marienrufe sind im Gotteslob in den Diözesanhängen, also
  ab 800 aufwärts zu finden.)
- Texte (Gedicht, Bildbetrachtung) für SprecherInnen

Besondere Aufgaben
- SprecherIn für Gedicht
- SprecherIn für Bildbetrachtungen, Gebete
- VorsängerIn für Marienrufe
- HelferInnen für Abschluss

Sitzordnung
- Halbkreis
- Kleingruppen
- Kaffeetische

Dauer
90 Minuten

Einstieg
Während des ganzen Jahres feiern wir Marienfeste. Seit dem 18. und 19. Jahrhun-
dert ist der Mai in besonderer Weise der Monat der Marienfrömmigkeit. Darüber

hinaus hat sicher jede und jeder von uns einen eigenen Zugang und eine eigene Beziehung zur Gottesmutter. Diese Beziehung zu Maria soll das Thema des heutigen Nachmittages sein. Beginnen wir mit einem Gedicht, das einige von Ihnen sicher kennen. Es stammt von Georg von Hardenberg (1772–1801), der sich Novalis nannte. Frau N.N. liest es uns vor:

Gedicht
Ich sehe dich in tausend Bildern,
Maria, lieblich ausgedrückt,
doch keins von allen kann dich schildern,
wie meine Seele dich erblickt.

Ich weiß nur, dass der Welt Getümmel
seitdem mir wie ein Traum verweht
und ein unnennbar süßer Himmel
mir ewig im Gemüte steht.
Novalis

Bildbetrachtung
Jeder und jede von uns kennt viele Mariendarstellungen und weiß, dass es noch viel, viel mehr gibt. Es sind Darstellungen von Maria als Mutter, als Himmelskönigin oder als Immaculata. Wir kennen auch die trauernde Maria unter dem Kreuz, die Pietà, die Schutzmantelmadonna, die Rosenkranzkönigin – um nur einige Beispiele zu nennen. Neben den Bildern gibt es auch eine ebenso unüberschaubare Zahl von Marienliedern, von Texten und Gedichten an Maria. Diese Bilder und Texte beschäftigen sich zwar mit Maria, mit ihrem Glauben, mit ihrem Leben. In jedem dieser Bilder oder Texte spiegelt sich aber auch etwas von unserem Leben, von unserem Glauben, von unseren Sehnsüchten, sowie von unseren Fragen und Wünschen. Ich habe hier einige Mariendarstellungen vorbereitet und zeige sie Ihnen jetzt – zusammen mit einigen kurzen Erläuterungen.

Maria Hodigitria, die Wegweiserin
Ich beginne mit dieser Ikone. Wir sehen hier eine »Hodigitria« – Maria, die Wegweiserin oder auch die Wegbegleiterin. Maria schaut uns an. Auf ihrem linken Arm thront Jesus, der nicht als kleines Kind dargestellt ist, sondern als junger Mann. Er ist zwar ihr Sohn, gleichzeitig aber auch der Gott und Herr aller. Maria zeigt mit ihrer rechten Hand auf Jesus hin. »Was er euch sagt, das tut«, hat sie den Dienern, die bei der Hochzeit von Kana das Wasser in die leeren Weinkrüge füllen sollten, geraten. »Was er euch sagt, das tut«, rät sie auch uns. Maria zeigt uns den

Weg zu Jesus und hilft uns, diesen Weg zu gehen. Sie stärkt unseren Mut und unser Vertrauen, denn aus ihrer eigenen Erfahrung mit Jesus weiß sie, dass er immer für uns da ist und niemanden im Stich lässt, der auf ihn vertraut. Wir können auf ihr Beispiel schauen und – so wie sie – unseren Weg mit Jesus gehen. Wir können aber auch durch unsere eigene Erfahrung anderen den Weg zu Jesus zeigen.

Maria, die trauert (Pietà)

Immer wieder stoßen wir an Grenzen, immer wieder gibt es Schicksalsschläge, die uns durcheinander bringen. Immer wieder trauern wir um einen lieben Menschen. In solchen Situationen ist es hilfreich, auf andere zu schauen, die in einer ähnlichen Situation sind. Wir sehen hier Maria, die um ihren Sohn trauert. Was mag wohl in ihr vorgehen? Zweifelt sie an Gott, dem sie einmal ihr ganzes Vertrauen geschenkt hat und der es nun so belohnt? Macht sie ein unbegreifliches Schicksal für ihr Leid verantwortlich, eine Macht, vor der sogar Gott machtlos ist? Klagt sie alle an, die Jesu Hinrichtung betrieben haben? Begräbt und beweint sie mit ihrem toten Sohn auch alle ihre Hoffnungen, ihre Pläne, ihre Wünsche? Versinkt sie in Mutlosigkeit, in Trauer und Verzweiflung? Es gibt Situationen und Schicksale, die wir nicht verstehen können, die uns an die Grenzen unserer Kräfte bringen. Wie Maria mit ihrem Schicksal umgegangen ist, können wir ahnen. Ihr Leid hat sie zu einer noch tieferen Gemeinschaft mit Jesus geführt, zur Gemeinschaft mit ihm in Tod und Auferstehung. In diesem Sinne trifft auf sie und auf alle, die leiden und trauern, das Wort Jesu zu: Selig die Trauernden.

Maria, die Himmelskönigin

Wir sehen hier eine Darstellung aus der Gotik. Maria ist als vornehme Dame gekleidet, trägt eine Krone, hält in der rechten Hand das Zepter, in der linken das Jesuskind. Seit vielen Jahrhunderten stellen wir sie so dar und verehren sie als Himmelskönigin. Maria, ein einfaches junges Mädchen, ist Königin! Es klingt wie ein Märchen. Wir alle möchten gerne mehr sein, als wir sind. Wer von uns hat sich nicht schon einmal gewünscht, König oder Königin zu sein? In Maria sehen wir solche Wünsche erfüllt. Doch sehen wir auch den Weg, den sie gegangen ist? Die Gesichter von Maria und Jesus lassen eine tiefe Beziehung zwischen beiden erkennen. Maria schaut auf Jesus. Gott hat sie zur Mutter seines Sohnes erwählt. Alles, was sie ist, verdankt sie ihm. Jesus zeigt auf Maria. Ohne sie hätte er nicht zur Welt kommen können. Ohne ihre Offenheit für den Ruf Gottes, ohne ihre Bereitschaft, einen Weg zu gehen, von dem sie nicht ahnen konnte, was er für sie bedeutete, ohne ihren Glauben, dass Gottes Wege gute Wege sind, hätte Jesus die Menschen nicht erlösen können. Maria wurde Himmelskönigin, weil Gott immer die Mitte ihres Lebens gewesen ist. Nun hat sie ihren Platz in seinem Reiche. Doch was an ihr Wirklichkeit ist, kann auch für uns Wirklichkeit werden.

Schutzmantelmadonna

Wer von uns sehnt sich nicht nach einem Raum, in dem er sich sicher und geborgen fühlt? Nach einem Platz, den ihm niemand streitig macht? Nach jemandem, der sich um den einzelnen kümmert und der ihn ernst nimmt? Nach einer Gemeinschaft, nach Zusammengehörigkeit? Und nach jemandem, der dies alles ermöglicht? Schon in der alten Kirche riefen die Christen Maria in ihren Sorgen und Nöten als Helferin an. Daraus ist das Motiv der Schutzmantelmadonna entstanden. Alle Menschen drängen sich unter dem Mantel Marias zusammen, um zu bitten und zu beten. Maria sorgt durch ihren Mantel für einen Raum der Geborgenheit, in dem alle so sein können, wie sie sind, in dem sie bedenkenlos sagen können, was sie bewegt. Doch nicht nur das. Maria zeigt auch den Ausweg aus aller Not: Jesus, der alle segnet, Jesus, der alle einlädt, zu ihm zu kommen. Unter dem Mantel Marias können wir ausruhen. Unter dem Mantel Marias finden wir zu uns selbst und werden wir uns bewusst, dass wir alle von Gott Gesegnete sind. Eröffnen wir auch nicht selbst immer wieder einmal anderen solche Freiräume?

Gruppengespräche

Nun verteile ich die Bilder hier im Raum. Sie sind eingeladen, sich zu dem Bild zu setzen, das Ihnen am meisten sagt. Denken Sie darüber nach, was Sie an diesem Bild bewegt und sprechen Sie dann mit den anderen darüber, die sich auch zu diesem Bild hingezogen fühlen. Dazu gibt es Impulsfragen *(siehe Kopiervorlage)*.

Großgruppe

Treffen wir uns noch zu einem Abschluss in der großen Runde. Nehmen wir dazu nochmals das Gedicht von Novalis her, diesmal die zweite Strophe:

Ich weiß nur, dass der Welt Getümmel
seitdem mir wie ein Traum verweht
und ein unnennbar süßer Himmel
mir ewig im Gemüte steht.

Können wir, können Sie, den Worten des Novalis zustimmen, die ich so interpretieren möchte: Immer wenn ich mich an die Gottesmutter wende und zu ihr bete, dann fühle ich mich geborgen, dann werden Probleme leichter, verschwinden Ängste und erfüllt mich innerer Friede?

Abschluss

Wir schließen mit einer kleinen Marienandacht ab. Frau / Herr N.N. stellen ein Marienbild in die Mitte des Kreises, Blumen und Kerzen dazu und zünden die Kerzen an.

Lied

Maria, dich lieben (GL 594)

Gebet

Gott, unser Vater, mit vielen Namen und Titeln versuchen wir auszudrücken, was uns Maria, die Mutter deines Sohnes, bedeutet. Heute haben wir verstanden, dass sie uns Vorbild und Helferin ist – und auch wir von dir berufen sind, anderen Vorbild und Helfer zu sein. Hilf uns – gleich ihr – im Glauben zu wachsen. Dann können auch wir den in die Welt tragen, der unser aller Hoffnung ist: Jesus Christus, deinen Sohn, der mit dir in der Einheit des Heiligen Geistes lebt und herrscht heute und in alle Ewigkeit. Amen.

Lied

Marienrufe (GL Diözesanteile)

Gebet und Fürbitten

Wir nehmen uns Zeit für persönliches Gebet, zu Fürbitten, Anrufungen und Dank und schließen ab mit einem gemeinsamen »Gegrüßt seist du, Maria«.

Segen

Wir möchten sein wie Maria:
Offen für Gott und seinen Willen;
Offen für sein Wort – es bedenken und verwirklichen;
Offen für Jesus und unseren Weg mit ihm gehen.
Dazu segne uns der liebende und gütige Gott,
der Vater, der Sohn und der Heilige Geist. Amen.

Ausklang

Wie immer setzen wir uns noch zum Kaffee zusammen. Wer dann noch Zeit hat ist eingeladen, mit N.N. in die Kirche zu gehen und zu schauen, welche Mariendarstellungen es dort gibt.

Kopiervorlagen

Mariendarstellungen

Madonna in der Ähre, Dom zu Würzburg; Marienaltar von Hubert Elsässer, München;
Gotische Madonna von einem Würzburger Meister um 1420,
© Foto Zwicker-Berberich (FZB), 97951 Gerolsheim

Schutzmandelmadonna, La Madone au Manteau protecteur,
Emailarbeit, Egino Weinert, Köln © Egino Weinert, Köln
Beuroner Kunstverlag 6195

Pietà von Lore Friedrich-Gronau, Abtei Münsterschwarzach
© Vier-Türme-Verlag, 97359 Münsterschwarzach Abtei

Tichwinskaja-Ikone, Gottesmutter Hodigitria

Impulsfragen zu den jeweiligen Abbildungen

- Was sagt mir diese Darstellung?
- Mit welcher Situation meines Lebens bringe ich sie in Verbindung?
- Was sagt mir in dieser Situation der Blick auf die Gottesmutter? Warum bete ich zu ihr?

Jesus, unser Begleiter im Leid
Kreuzwegandacht

Thema
Passionszeit, Leid.

Vorbereitung
- Textblatt mit Kreuzwegtext und Liedtext (Kopiervorlage) für alle
- Falls als Diameditation: Kreuzwegdias, Diaprojektor

Besondere Aufgaben
- LektorIn
- VorsängerIn
- Bedienen des Projektors

Eröffnung
Wir wollen miteinander den Kreuzweg (in Form einer Diameditation) betrachten. Zu jeder Station singen wir die entsprechende Liedstrophe und beten das Gebet auf unserem Textblatt. Dankbar blicken wir auf Jesus, der Bosheiten und Elend, Leiden und Schmerzen nicht ausgewichen ist, sondern auf sich genommen hat. Wir beten ihn an und preisen ihn – heute und alle Tage und in alle Ewigkeit. Amen.

Erste Station: Jesus wird zum Tode verurteilt
V: Jesus, du wurdest ungerecht zum Tode verurteilt.
A: Gib, dass ich zu mehr Gerechtigkeit in der Welt beitrage.
V: Wir beten dich an, Herr Jesus Christus, und preisen dich,
A: denn durch dein heiliges Kreuz hast du die Welt erlöst.

Zweite Station: Jesus nimmt das Kreuz auf seine Schultern
V: Jesus, du nimmst das schwere Kreuz.
A: Stärke meine Kräfte, wenn mir ein Kreuz auferlegt ist.
V: Wir beten dich an, Herr Jesus Christus, und preisen dich,
A: denn durch dein heiliges Kreuz hast du die Welt erlöst.

Dritte Station: Jesus fällt zum ersten Mal unter dem Kreuz
V: Jesus, du fällst unter der Last des Kreuzes.
A: Sei bei mir, wenn ich zusammenbreche und falle.

V: Wir beten dich an, Herr Jesus Christus, und preisen dich,
A: denn durch dein heiliges Kreuz hast du die Welt erlöst.

Vierte Station: Jesus begegnet seiner Mutter
V: Jesus, deine Mutter hat dich auf deinem Weg begleitet.
A: Mach mich bereit, die Not und den Schmerz anderer zu teilen.
V: Wir beten dich an, Herr Jesus Christus, und preisen dich,
A: denn durch dein heiliges Kreuz hast du die Welt erlöst.

Fünfte Station: Simon von Zyrene hilft Jesus das Kreuz tragen
V: Jesus, manchmal muss man darauf gestoßen werden, dass jemand Hilfe braucht.
A: Zeige mir, wo ich gebraucht werde.
V: Wir beten dich an, Herr Jesus Christus, und preisen dich,
A: denn durch dein heiliges Kreuz hast du die Welt erlöst.

Sechste Station: Veronika reicht Jesus das Schweißtuch
V: Jesus, Veronika hat sich zu dir bekannt.
A: Befreie mich von allen Bedenken, dich vor den Menschen zu bekennen.
V: Wir beten dich an, Herr Jesus Christus, und preisen dich,
A: denn durch dein heiliges Kreuz hast du die Welt erlöst.

Siebte Station: Jesus fällt zum zweiten Mal unter dem Kreuz
V: Jesus, Stolpersteine hindern dich nicht daran, deinen Weg fortzusetzen.
A: Gib mir die Kraft, immer wieder aufzustehen und meinen Weg zu gehen.
V: Wir beten dich an, Herr Jesus Christus, und preisen dich,
A: denn durch dein heiliges Kreuz hast du die Welt erlöst.

Achte Station: Jesus begegnet den weinenden Frauen
V: Jesus, nicht alle Tränen sind Zeichen ehrlicher Trauer.
A: Nimm von mir alle Neigung zu Heuchelei und Selbsttäuschung.
V: Wir beten dich an, Herr Jesus Christus, und preisen dich,
A: denn durch dein heiliges Kreuz hast du die Welt erlöst.

Neunte Station: Jesus fällt zum dritten Mal unter dem Kreuz
V: Jesus, du brichst unter dem Leid zusammen, das andere verursacht haben.
A: Wenn jemand unter Leid zusammenbricht, lass mich für ihn da sein.
V: Wir beten dich an, Herr Jesus Christus, und preisen dich,
A: denn durch dein heiliges Kreuz hast du die Welt erlöst.

Zehnte Station: Jesus wird seiner Kleider beraubt

V: Jesus, du wurdest bloßgestellt und verspottet.

A: Bewahre mich vor unmenschlichem Handeln.

V: Wir beten dich an, Herr Jesus Christus, und preisen dich,

A: denn durch dein heiliges Kreuz hast du die Welt erlöst.

Elfte Station: Jesus wird ans Kreuz genagelt

V: Jesus, deine Liebe ist stärker als alle Bosheit und als alles Leid.

A: Nichts soll mich von der Liebe trennen, die von deinem Kreuz ausgeht.

V: Wir beten dich an, Herr Jesus Christus, und preisen dich,

A: denn durch dein heiliges Kreuz hast du die Welt erlöst.

Zwölfte Station: Jesus stirbt am Kreuz

V: Jesus, dein Tod hat mir das Leben gebracht.

A: Lass mich tot sein für die Sünde.

V: Wir beten dich an, Herr Jesus Christus, und preisen dich,

A: denn durch dein heiliges Kreuz hast du die Welt erlöst.

Dreizehnte Station: Jesus wird vom Kreuz abgenommen und in den Schoß seiner Mutter gelegt

V: Jesus, Freunde haben sich um deinen Leichnam gekümmert, deine Mutter hat ihn in ihre Arme genommen.

A: Nimm mich bei meinem Sterben in deine Arme.

V: Wir beten dich an, Herr Jesus Christus, und preisen dich,

A: denn durch dein heiliges Kreuz hast du die Welt erlöst.

Vierzehnte Station: Der heilige Leichnam Jesu wird ins Grab gelegt

V: Jesus, das Grab wird dich nicht halten.

A: Schenke mir Auferstehung und ewiges Leben in deiner Nähe.

V: Wir beten dich an, Herr Jesus Christus, und preisen dich,

A: denn durch dein heiliges Kreuz hast du die Welt erlöst.

Schlussgebet

Herr Jesus Christus, auf dein Ja zu uns wollen wir in jeder Situation unseres Lebens vertrauen. Das Kreuz, an dem du gestorben bist, ist das Kreuz, an dem wir uns aufrichten können. Es sei und bleibe uns das Zeichen von Glauben, von Hoffnung und von Liebe – heute und alle Tage und in alle Ewigkeit. Amen.

Kreuzweglied

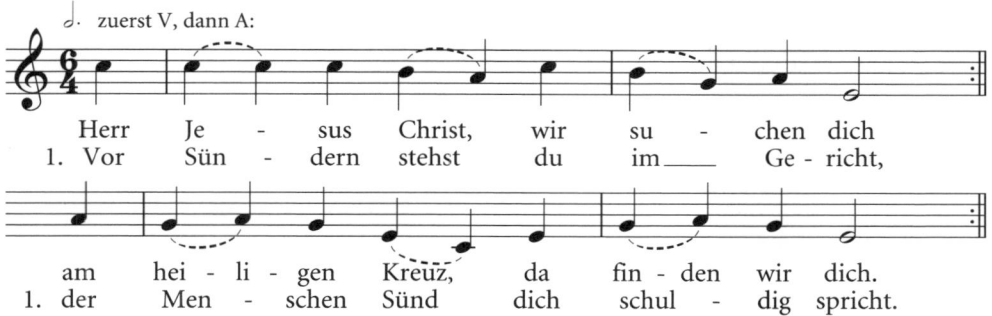

> Herr Je - sus Christ, wir su - chen dich
> 1. Vor Sün - dern stehst du im___ Ge - richt,

> am hei - li - gen Kreuz, da fin - den wir dich.
> 1. der Men - schen Sünd dich schul - dig spricht.

2. Du nimmst das Kreuz gehorsam an,
   trägst es den Kreuzweg mir voran.

3. Zu Boden wirft dich meine Schuld,
   doch weiter trägst du in Geduld.

4. Am Wegrand grüßt die Mutter dein,
   um meiner Sünden trägt sie Pein.

5. Wie Simon seinen Arm dir bot,
   so lehr mich helfen, wo es Not.

6. Schenk mir der Liebe wachen Blick,
   wie du dich liebend schenkst zurück.

7. Zum zweiten Mal versagt die Kraft,
   für meine Sünd wirst du gestraft.

8. Du mahnest, die da klagend stehn,
   heißt mich, die eigne Sünde sehn.

9. Zur Erde fällst du noch einmal,
   erlöse mich durch diesen Fall.

10. Ganz arm bist du, ganz nackt und bloß,
    weil meine Gier und Sucht zu groß.

11. Du gibst dich in der Sünder Hand,
    gehorsam hängst du ausgespannt.

12. Damit ich nicht verloren bin,
    gibst du dein Leben opfernd hin.

13. Du Schmerzensmutter, reine Magd,
    all unsre Not sei dir geklagt.

14. Das Weizenkörnlein fällt zur Erd,
    damit uns Heil und Segen werd.

T: Kreuzweglied, Hildegard Holzer, Wien 1954
M: Es sungen drei Engel (13. Jh.?), Mainz 1605

Sommer

Der Sommer bringt Klee
Ein Nachmittag zum Jahreszeitenlied

Thema
Die Jahreszeiten und damit auch die Jahreszeiten des Lebens sind immer wieder Thema unter den Senioren. Der Sommer führt uns zur »Lebenshöhe«. Wir versetzen uns in diese Zeit zurück, überlegen aber auch, was uns davon weiterhin wichtig ist.

Vorbereitung
- Liederbücher bzw. Liedtexte
- Gegenstände für gestaltete Mitte
- Eine selbst zusammengestellte, nicht allzu umfangreiche Diareihe oder Powerpoint-Präsentation zum Thema Sommer, die aber möglichst die ganze Bandbreite des Themas darstellt.
- Projektor
- Kleeblätter aus Buntpapier für alle
- Stifte

Besondere Aufgaben
- Zusammenstellen der Dias / Präsentation
- Anfertigen der Kleeblätter

Sitzordnung
- Kreis (gestaltete Mitte: Sommerarrangement aus Bade- und Wanderutensilien, Reiseführer, Landkarten, Sommerblumen)
- Tischgruppen für den gemütlichen Ausklang

Dauer
60 bis 90 Minuten

Einführung
Von unserem Lebensgefühl her betrachtet, ist der Sommer die Jahreszeit, die am kürzesten dauert. Er ist der Höhepunkt, auf den das Jahr zugeht, aber auch eine Zeit der Gegensätze: Eine Schönwetterperiode endet mit einem heftigen Gewitter, auf das ein Kälteeinbruch folgt. Eine Hitzewelle vermittelt einerseits ein richtiges Sommergefühl, führt aber zu Erstarrung und Dürre, wenn sie zu lange anhält. Die eine erwartet den Sommer, weil sie den Urlaub als ersehnte Pause vom strapaziö-

sen Alltag sieht, in der sie »die Seele baumeln lassen kann«, für den anderen, der seine vier Wände nicht mehr verlassen kann, bedeutet der Sommer ein Mehr an Alleinsein, weil manch regelmäßiger Besucher für einige Wochen nicht kommen kann. Der Sommer meines Lebens ist die Zeit, in der ich einerseits aus dem Vollen schöpfe, andererseits ich mich durch die vielen Erwartungen und Gegensätze, denen ich ausgesetzt bin, zerrissen und überfordert fühle. – Wie vieles im Leben beginnt und endet der Sommer unauffällig. Heiße Frühlingstage gehen unmerklich in den Sommer über, so wie sich der Übergang von der Jugend ins Erwachsensein oft unmerklich vollzieht. Hatte ich eben noch das Gefühl, dass die Zeit stillsteht, kündigt sich schon der Herbst an! Obwohl ich mich lange noch nicht alt fühle, werde ich Oma, Opa. Gegensätze sorgen aber auch für Regsamkeit, Spannung und Abwechslung!

Gemeinsames Singen
Wir singen zur Einstimmung das bekannte Jahreszeitenlied: »Es war eine Mutter, die hatte vier Kinder« *(siehe Kopiervorlage beim Vorschlag »Der Frühling bringt Blumen«)*, und – wenn jemand welche vorschlägt – noch andere Sommerlieder.

Gespräch: Sommer ist für mich
Gemeinsam haben wir den Sommer besungen. Wir machen uns jetzt unsere eigenen Gedanken über den Sommer und teilen einander mit, was wir mit »Sommer« verbinden.

Wir schauen in den Sommer
Nun schauen wir uns einige Bilder an, die noch einmal die ganze Vielfalt vor Augen führen, für die »Sommer« steht.

Mein Sommer
Wir setzen uns in kleinen Gruppen zusammen und tauschen uns aus: Wie sehe ich in der Rückschau den Sommer meines Lebens? Wie konnte ich mit den vielen Gegensätzen umgehen, die zu ihm gehören? Kann ich der Meinung, der Sommer sei der Höhepunkt des Jahres, zustimmen oder nicht? Wer / was hat mich über schwierige Zeiten getragen? Welche »Sommererlebnisse« sind mir bis heute wichtig? Kann ich mir von den Wünschen, die von meinem Sommer her offen geblieben sind, jetzt welche erfüllen?

Der Sommer bringt Klee
So. Nun müssen wir langsam unsere Gespräche abschließen. Kommen wir nochmals in der großen Runde zusammen! In unserem Lied heißt es: Der Sommer

bringt Klee. Machen wir uns darüber noch ein paar Gedanken. Klee kennen wir alle, Klee gibt es in Hunderten von Arten. Manche wachsen wild, manche werden angebaut. Klee ist ein gutes Futter und dient der Bodenverbesserung. Das Kleeblatt ist auch ein weit verbreitetes Glückszeichen. Warum, erklärt eine Legende aus dem Altertum: Eva habe, als sie mit Adam das Paradies verlassen musste, von dort ein vierblättriges Kleeblatt mitgenommen. Es sollte sie an das glückliche Leben erinnern, das sie dort führen konnte. Auch wegen seiner Kreuzesform wurde das vierblättrige Kleeblatt zum Zeichen für Glück und Segen. Wir wollen uns nun einen Glückwunsch oder ein Segenswort schenken. Hier sind aus Buntpapier geschnittene Kleeblätter vorbereitet. Jeder nimmt sich eines und schreibt darauf einen Wunsch oder einen Segensspruch und legt es wieder in den Korb zurück. Wenn alle Kleeblätter beschriftet sind, gebe ich den Korb im Kreis herum und jeder und jede nimmt sich daraus eines, so dass alle einen Wunsch in Händen halten.

Abschluss
Wir schließen ab, indem wir die Wünsche vorlesen, die auf den Kleeblättern stehen und fassen dann alle in einen Sommer-Segen zusammen.

Sommer-Segen
Zum Segen sollen dir werden die Tage des Sommers.
Sie mögen dir Zeit schenken,
für das, was dir während des Jahres oft fehlt.
Sie mögen dich daran erinnern,
dass das Leben mehr ist als Mühsal und Bedrängnis.
Sie mögen dir einen neuen Blick schenken für die Schönheit der Erde,
in der Ferne und in der Nähe.
Sie mögen dich die Größe und Weite Gottes ahnen lassen,
die Unbegreiflichkeit seiner Güte und die Fülle seine Gnade.

Ausklang
Wir bleiben noch zusammen, trinken einen Eiskaffee oder essen ein Eis. Die Kleeblätter können Sie selbstverständlich mit nach Hause nehmen.

Atem Gottes, Heiliger Geist
Auch durch uns wirkt Gottes Geist

Thema

Vom Heiligen Geist sprechen wir meistens mit traditionellen Worten. Diese sagen uns aber oft nur wenig. Wir versuchen hier, neue, andere Begrifflichkeiten zu finden; vor allem aber denken wir darüber nach, wie Gottes Geist durch uns in der Welt wirkt. Erkennen wir die Gaben, die er uns geschenkt hat? Können wir dafür danken und setzen wir sie auch ein?

Vorbereitung

- Windrad aus dem Spielzeuggeschäft
- Teelichter für alle
- Eine Feuerzunge aus Pappe, die mit roter Alufolie überzogen ist, so groß, dass alle Teelichter darauf Platz haben.
- Feuerzeug
- Liedtexte (Kopiervorlage)
- Abschlusstext für die SprecherInnen
- Arbeitsblätter (Kopiervorlage)

Besondere Aufgaben

- HelferInnen zum Anzünden der Teelichter
- Drei SprecherInnen für das Abschlussgebet

Sitzordnung

- Kreis (gestaltete Mitte: Feuerzunge, zunächst noch ohne Teelichter)
- Kaffeetische

Dauer

60 bis 90 Minuten

Einstieg

Auf unseren heutigen Nachmittag freue ich mich besonders. Wir wollen uns heute mit einem spannenden Thema beschäftigen, mit dem Thema »Heiliger Geist«. Vielleicht haben Sie es schon aus der Feuerzunge geschlossen, die hier in der Mitte liegt. Ich komme später noch auf sie zurück. Sammeln wir zunächst einmal Redensarten oder Sprichwörter über Luft, Atem und Geist (z.B. Der nimmt mir die Luft weg. Neben dem kann ich nicht atmen. Mir stockt der Atem. Das ist ja atemberaubend. Da habe ich richtig aufgeatmet. Endlich kann ich ausschnaufen. Der hat einen langen Atem. Mir bläst der Wind ins Gesicht.).

Auf unseren Atem oder auf die Luft, die wir atmen, beziehen sich viele Redensarten. Was haben sie gemeinsam? Offensichtlich spiegeln sich darin innere Vorgänge und Regungen, unsere seelische Verfassung. Atmen-Können hat mit Freude, Freiheit, Weite und Kraft zu tun, nicht mit Enge, Beklemmung, Leblosigkeit.

Atem Gottes

In der Bibel lesen wir immer wieder vom Atem Gottes, vom Geist Gottes. Wie können wir das nun verstehen? Im Hebräischen steht an den Bibelstellen, die vom Geist Gottes sprechen, das Wort »ruach«. Wir übersetzen es gewöhnlich mit »Geist«. Doch diese Übersetzung ist nicht ganz korrekt. »Ruach« bezeichnet zunächst die Kraft, die im Atemstoß liegt, dann erst Atem oder Wind. Der Atem aber ist etwas Geheimnisvolles, schwer Fassbares. Wir versuchen, ihn sichtbar zu machen. Sie kennen alle so ein Windrad aus dem Spielzeuggeschäft. Ich blase jetzt hinein, erzeuge einen Atemstoß, tue also das, was man mit »ruach« bezeichnet. Was beobachten wir?

- Das Windrad dreht sich. Die Luft, der Atem, die es dazu bringt, sich zu drehen, ist unsichtbar. Sie hat aber eine Kraft, die das Windrad oder etwas anderes bewegt oder Staub wegbläst.
- Atmen ist aktiv und passiv zugleich. Ich atme, ich kann auch meinen Atem ein Stück weit steuern *(fester und weniger fest in das Windrad blasen)*. Ich kann langsamer oder schneller atmen. Ich kann den Atem anhalten, wenn auch nicht unbegrenzt.
- Atmen ist ein Geben und Nehmen. Es gibt kein Einatmen ohne Ausatmen. Schauen Sie zu Ihrer Nachbarin: Sie atmen ein, diese atmet aus, Sie atmen wieder ein. Das geht ununterbrochen so, ohne Pause.

Dieses geheimnisvolle Geschehen des Atmens wird als Hinweis auf das Geheimnis Gottes gesehen:

- Gott kann man nicht sehen, aber sein Wirken ist spürbar.
- Bei dem, was Gott tut, können wir mittun, müssen uns aber ihm zugleich überlassen.
- Die Beziehung zu ihm ist ein Wechsel von Geben und Nehmen. Er beschenkt uns, wartet aber auch auf unsere Antwort.
- Er wohnt in uns, ist aber nicht unser Besitz. Er ist da, ohne dass wir ihn festhalten könnten.

Was möchten Sie dazu sagen? *(Gelegenheit geben, Gedanken dazu zu äußern.)*

Bilder des Heiligen Geistes

In der Bibel und in der spirituellen Tradition gibt es viele Bilder des Heiligen Geistes bzw. Umschreibungen oder Erklärungsversuche, was mit »Heiliger Geist« gemeint ist. Es heißt auch, dass uns der Heilige Geist mit seinen Gaben beschenkt. Hier habe ich einige alte und neue Bezeichnungen zusammengestellt.

Ein *brausender Wind:*
Er wirbelt den Staub der Gewohnheit auf.
Ein *stiller Windhauch:*
Er liebt das Einfache und Unscheinbare.
Ein *weiter Horizont:*
Er führt aus Enge und Einseitigkeiten heraus.
Ein *schlagendes Herz:*
Er kennt keine Lethargie und Verzweiflung.
Ein *helles Licht:*
Er vertreibt alle Dunkelheit:
Ein *hellhöriges Ohr:*
Er hört zu wie kein anderer.
Ein *offener Blick:*
Er deckt auf, wo wir wegschauen.
Ein *ausgestreckter Arm:*
Er weist den Weg.
Eine *rufende Stimme:*
Er kennt dich und deine Fähigkeiten.
Eine *heilende Macht:*
Er bewirkt Vergebung und bestärkt zu einem Leben aus dem Geist der Versöhnung.

Betrachten Sie diese Bilder des Heiligen Geistes und denken Sie über sich selbst nach. Welche von diesen Gaben hat er mir gegeben? Dazu gibt es ein Arbeitsblatt mit Impulsfragen *(siehe Kopiervorlagen)*. Natürlich können wir heute nicht alle bearbeiten. Suchen Sie sich einfach eine oder zwei oder drei aus, besprechen Sie diese dann mit jemandem. Über die Fragen, die Sie jetzt nicht besprechen können, denken Sie dann zu Hause weiter nach.

Abschluss

Wir schließen unsere Gedanken und Überlegungen ab mit einem Dank- und Bittgebet zum Heiligen Geist. Hier in der Mitte liegt eine Feuerzunge, aber sie brennt noch nicht wirklich. Es fehlen ihr unsere Gaben und Begabungen, damit sie so richtig zum Feuer wird. Jeder und jede überlegt sich nun, welche Fähigkeiten und

Talente sie hat, wofür er dem Heiligen Geist danken möchte, dann zündet sie das Teelicht an und stellt es mit einem Dankeswort auf die Feuerzunge. Wenn alle Kerzen darauf stehen, bitten wir den Heiligen Geist, dass er uns beisteht, unterstützt, beflügelt, tiefer sehen lässt. Frau N.N., N.N. und N.N. beten uns vor, wir singen zwischen den einzelnen Versen den Ruf: »Sende deinen Geist aus« *(siehe Kopiervorlage)* und schließen dann ab mit dem »Ehre sei dem Vater«.

Schlussbetrachtung
Wenn ich mich der Farblosigkeit verschreibe,
auf mich selbst vergesse,
auf meine Ansprüche verzichte
meinen Schmerz bagatellisiere,
meine Hoffnung begrabe
und mich selber immer nach hinten reihe,
dann atme in mir, göttlicher Geist!

Liedruf

Wenn ich mir Selbstlosigkeit verordne,
meine Regungen unterdrücke,
Lebendigkeit zähme,
meine Bedürfnisse nicht mehr wahrnehme,
Gefühle verdränge
und mich selbst nicht mehr zu lieben traue,
dann atme in mir, göttlicher Geist!

Liedruf

Wenn ich mich der Leblosigkeit ausliefere,
meinen Protest nicht mehr erhebe,
mich der Herrschaft füge,
die Wahrheit nicht selber suche,
mir den Weg verordnen lasse
und mich selber nicht mehr zu leben wage,
dann atme in mir, göttlicher Geist!
Franz und Stefanie Schmatz

Liedruf

Alle: Ehre sei dem Vater und dem Sohn und dem Heiligen Geist, wie im Anfang so auch jetzt und alle Zeit. Amen.

Lied
Geist des Vaters, heilger Geist (Tr 84)

Ausklang
Gemütlicher Kaffeetisch.

Hintergrundinformation

Die sieben Gaben des Heiligen Geistes
Die biblische Grundlage der Lehre von den sieben Gaben des Heiligen Geistes finden wir im Jesajabuch: »Aus dem Baumstumpf Isais wächst ein Reis hervor, ein junger Trieb aus seinen Wurzeln bringt Frucht. Der Geist des Herrn lässt sich nieder auf ihm: der Geist der Weisheit und der Einsicht, der Geist des Rates und der Stärke, der Geist der Erkenntnis und der Gottesfurcht.« (Jes 11, 1–3a) Hier geht es um einen Neubeginn, den Gott mit seinem Volk macht. Er gibt seinem Volk einen neuen Herrscher, den er mit »seinem Geist« beschenkt. Damit sind Begabungen gemeint, die dieser Herrscher braucht, um seiner Aufgabe gerecht zu werden. Die Christen sind bald davon überzeugt, dass die ganze Fülle dieser Gaben im Reden und Handeln Jesu aufleuchtet, das wiederum Vorbild für unser Reden und Tun ist. So können wir diese »Gaben des Heiligen Geistes« als Geschenke Jesu an uns betrachten, die uns zu einem Leben in seinem Sinne befähigen.

Weisheit. Wer mit Weisheit beschenkt ist, lässt sich nicht von vordergründigen Überlegungen leiten, wird nicht schnell und unüberlegt urteilen. Er versucht, den Dingen auf den Grund zu gehen und sie aus der Sichtweise Gottes zu beurteilen.
Einsicht. Mit Einsicht wird die Fähigkeit bezeichnet, sich das Wort Gottes zu eigen zu machen und sein Leben nach den Vorgaben Gottes zu gestalten.
Erkenntnis. Die Erkenntnis lässt uns das Leben und die Welt im Lichte Gottes sehen. Sie bewirkt, dass wir auf die Fragen der Welt und der Zeit angemessen reagieren können.
Rat. Die Gabe des Rates hilft, angesichts der vielen Möglichkeiten und Alternativen, vor die uns der Alltag stellt, die richtige Entscheidung zu treffen. Dabei setzt sie die Bereitschaft voraus, sich auch etwas sagen zu lassen.
Stärke. Ein Mensch, der eine feste Beziehung zu Gott hat, lässt sich nicht von Modeerscheinungen, von Opportunismus oder von einer oberflächlichen Vorstellung von Erfolg leiten.

Zur »Stärke« gehören auch Treue und Beständigkeit sowie Verlässlichkeit bei übernommenen Aufgaben.

Frömmigkeit. Das Wort leitet sich ab vom lateinischen »pietas«. Sie ist ein tiefes Empfinden für Gott und drückt sich in dem Wunsch aus, mit ihm zu leben und bei ihm Heimat zu finden. Wer Heimat in Gott gefunden hat, kann anderen Heimat anbieten.

Gottesfurcht. Hier handelt es sich um das Bemühen, Gott den Platz im Leben einzuräumen, der ihm zukommt, und ihn nicht für eigene, oft allzu menschliche Dinge zu missbrauchen. Gott ist immer der ganz andere, er lässt sich nicht vereinnahmen, für ihn gelten immer andere Maßstäbe als die von Menschen.

Kopiervorlagen

Sende deinen Geist aus

T/M: mündlich überliefert

Arbeitsblatt: Bilder des Heiligen Geistes

Ein brausender Wind:
Er wirbelt den Staub der Gewohnheit auf.
Bin ich eher ein Gewohnheitsmensch?
Wie reagiere ich, wenn jemand meine Gewohnheiten hinterfragt?

Ein stiller Windhauch:
Er liebt das Einfache und Unscheinbare.
Muss ich mich unbedingt selbst darstellen?
Habe ich einen Blick für das Einfache und Unsichtbare?

Ein weiter Horizont:
Er führt aus Enge und Einseitigkeiten heraus.
Schaue ich auch über meinen Horizont?
Lasse ich andere Meinungen, Lebensweisen gelten?

Ein schlagendes Herz:
Er kennt keine Lethargie und Verzweiflung.
Was lähmt mich, was bringt mich zur Verzweiflung?
Was bewahrt mich davor, aufzugeben und alles hinzuschmeißen?

Ein helles Licht:
Er vertreibt alle Dunkelheit.
Was tue ich, um ein Licht anzuzünden?
Lasse ich mich von Depressionen oder schlechter Stimmung beherrschen?

Ein hellhöriges Ohr:
Er hört zu wie kein anderer.
Verschließe ich mich vor dem Anruf anderer?
Wem kann ich mich anvertrauen?

Ein offener Blick:
Er deckt auf, wo wir wegschauen.
Welche Probleme oder offene Fragen schiebe ich vor mich her?
Kann ich etwas auf den Punkt bringen?

Ein ausgestreckter Arm:
Er weist den Weg.
Suche ich Hilfe, wenn ich mich in Probleme verstricke?
Kann ich jemandem, der sich um Rat und Hilfe an mich wendet, eine Stütze sein?

Eine rufende Stimme:
Er kennt dich und deine Fähigkeiten.
Was kann ich gut – worum beneiden mich andere?
Wie gehe ich mit meinen und Fähigkeiten und Stärken um?

Eine heilende Macht:
Er bewirkt Vergebung und bestärkt zu einem Leben aus dem Geist der Versöhnung.
Bin ich ein Mensch, der vermittelt und versöhnt?
Was tue ich, um selbst ruhig und ausgeglichen zu sein?

Heiligtümer
Ein Nachmittag zum Fronleichnamsfest

Thema

Mit dem Fronleichnamsfest sind viele Erinnerungen und Vorstellungen verbunden. Immer noch wird es mit viel Aufwand begangen, immer wieder wird nach neuen und zeitgemäßen Formen, es zu feiern, gesucht. Im Sinne einer lebendigen Gemeinde sollten sich bei diesen Überlegungen auch die Senioren und Seniorinnen zu Wort melden und ihre Anregungen und Gedanken einbringen.

Vorbereitung

*   Jeder / jede bringt einen Gegenstand mit, der ihm seit langer Zeit viel bedeutet: Bild, Foto, Kreuz, Marienstatue, Gesangbuch, Spruchkarte, Rosenkranz usw.
*   Einige Dias, ein kurzer Videofilm oder eine kleine Powerpoint-Präsentation von einer Fronleichnamsfeier
*   Projektor
*   Stifte und Schreibpapier für die Gruppenarbeit
*   Texte für die SprecherInnen (Geschichte des Fronleichnamsfestes, Gebet)
*   Arbeitsblätter

Besondere Aufgaben

*   Zusammenstellen von Dias / Video
*   Mehrere SprecherInnen für das »Gebet für die Pfarrgemeinde«

Sitzordnung

*   Kreis
*   Tischgruppen für die Gruppenarbeit

Dauer

60 bis 90 Minuten

Einstieg

Ereignisse, die für unser Leben von großer Bedeutung gewesen sind, behalten wir gerne in Erinnerung. Damit bleibt ein Stück Vergangenheit bis in die Gegenwart lebendig. Von Menschen oder Ereignissen, die für uns eine besondere Bedeutung haben, bewahren wir oft Erinnerungsstücke auf. Manche haben in unserer Wohnung sogar einen Ehrenplatz. Oft begleiten uns solche Stücke schon lange Zeit; sie sind uns wertvoll, ja »heilig«. Wir haben Sie gebeten, für den heutigen Nachmittag solche Gegenstände, die Ihnen zu »Heiligtümern« geworden sind, mitzubringen.

Vorstellung der mitgebrachten Gegenstände

Wir zeigen nun die mitgebrachten Gegenstände und sagen in einigen Sätzen dazu, warum sie uns so wichtig und wertvoll sind.

Weiterführung

Alle diese Dinge, ob Bild oder Foto, Statue oder Buch, Kreuz oder Rosenkranz oder was es sonst auch immer sei, begleiten uns schon lange. Wir verbinden mit ihnen ganz bestimmte Erinnerungen und – wenn es sich um religiöse Gegenstände handelt – auch Glaubenserfahrungen: Gott ist bei mir; er hat mich im Unglück nicht verlassen; hierbei habe ich ihn gespürt; dadurch habe ich etwas in einem ganz anderen Licht gesehen. Daher sind uns diese Dinge heilig. Manche davon tragen wir immer bei uns. An Fronleichnam tragen wir das »Allerheiligste« durch die Strassen. Dieses Wort drückt aus, dass das kleine Stück Brot in der Monstranz für uns das Bedeutendste ist, was wir haben. Die Popularität des Fronleichnamsfestes, die Sorgfalt, mit der es vorbereitet, und der Aufwand, mit dem es gestaltet wird, besagen dies aus. Wir schauen uns dazu einige Bilder an und erfahren dann etwas über die Geschichte des Festes.

Dias, Videofilm oder Powerpoint werden gezeigt.

Zur Geschichte des Fronleichnamsfestes

Frau N.N. liest uns nun eine kurze Geschichte des Fronleichnamsfestes vor:

Im Jahre 1246 wurde das Fronleichnamsfest zum ersten Mal in Lüttich gefeiert. Schnell verbreitete es sich von dort in das Rheinland. Der Name des Festes »Fronleichnam« bedeutet »Leib des Herrn« und stammt aus Süddeutschland. Seit dem Ausgang des Mittelalters ist dieses Wort zwar aus der Umgangssprache verschwunden, blieb aber als Name für das Fest erhalten. Kurz nach seiner Entstehung wurde die Eucharistiefeier des Festes mit einer Prozession verbunden. Eine Fronleichnamsprozession wird erstmals im Jahr 1264 aus Köln und bald darauf aus Würzburg erwähnt. Im gleichen Jahr führte Papst Urban IV. das Fest allgemein für die lateinische Kirche ein.

Die Form der Fronleichnamsprozession war von Anfang an regional sehr verschieden. In den Ländern südlich der Alpen hatte sie aber nie eine so große Bedeutung wie in den nördlicheren. Ihre aufwändigste Ausgestaltung erhielt sie in der Barockzeit, insbesondere im österreichisch-süddeutschen Raum. Zunächst war sie wohl ein Umzug, der von der Kirche ausging und durch einige Straßen wieder zur Kirche zurückführte. Dort endete die Feier mit einem Segen. Bald wurde es vielerorts Brauch, an vier Stationen Halt zu machen und vor einem eigens aufgebauten Altar oder vor einem Bildstock die Anfänge der vier Evangelien zu singen. Diese standen für das ganze Evangelium, das in die vier Himmelsrichtungen verkündet werden sollte. Mit der Zeit wurde an jeder Station auch der sakramentale Segen gespendet. Von den in dieser Jahreszeit üblichen Flurprozessionen unterscheidet sich die Fronleichnamsprozession durch ihren festlicheren Charakter. Neben dem Allerheiligsten wurden Fahnen, Blumen, Statuen und anderer Schmuck mitgetragen oder auf Prunkwagen Darstellungen aus dem Leben Jesu mitgeführt. Zünfte, Bruderschaften, Gilden und andere Vereinigungen überboten sich dabei. Dies hat sich bis heute in der einen oder anderen Form erhalten. Natürlich prägt auch die jeweilige Zeit die Gestaltung der Fronleichnamsprozession.

Gruppenarbeit

Die Gestaltung des Fronleichnamsfestes ist jedes Jahr auch ein Thema in unserer Pfarrei. Dazu können und sollen auch wir als Senioren uns zu Wort melden. Ich schlage Folgendes vor: Wir bilden zwei Gruppen, die unterschiedliche Fragen bzw. Aufträge bearbeiten. Bei der einen Gruppe handelt es sich mehr um gemeindebezogene Fragen, bei der anderen mehr um persönliche Stellungnahmen. Ich lese die Aufträge vor, Sie überlegen, in welche Gruppe Sie gehen möchten (*die Arbeitsaufträge – siehe Kopiervorlage – in Kopie an die Gruppen verteilen*).

Erste Gruppe – die Aufgabenstellung ist gemeindebezogen
- Wie kann sich der Seniorenkreis an der Gestaltung des Festes beteiligen?
- Welche Möglichkeiten sehen wir, Senioren und Seniorinnen, die sich nicht an der Feier beteiligen können, einzubinden?
- Weitere Tipps und Anregungen für die Feier.
Formulieren Sie Anregungen für den Pfarrgemeinderat!

Beispiele: Statio oder Abschluss im Seniorenheim, Möglichkeit, sich am Seniorenheim der vorbeigehenden Prozession anzuschließen, Fahrtendienst für ältere Menschen zum Platz der Statio und / oder zur Kirche zurück, Ministranten oder andere Helfer, die Wasser zum Trinken anbieten, Sanitäter für Erste Hilfe im Notfall, Liedertexte in großer Schrift, ausreichend Sitzplätze im Schatten.

Zweite Gruppe – die Fragestellungen sind mehr persönlich
- Warum ist es mir wichtig, Fronleichnam zu feiern?
- Was bedeutet mir die Kommunion?

– Wann brauche ich die Begegnung mit dem eucharistischen Jesus ganz besonders?
Formulieren Sie Statements für die Pfarrzeitung!

Großgruppe
Die Statements und Vorschläge werden kurz vorgestellt und evtl. ergänzt.

Abschluss
Wir gehen in die Kirche zu einer Viertelstunde vor dem Allerheiligsten und beten
dort für unsere Pfarrgemeinde.

Gebet für unsere Pfarrgemeinde
(Die Abschnitte werden von verschiedenen SprecherInnen gelesen.)
Herr Jesus Christus, als die Apostel mit Maria im Gebet versammelt waren, hast du
deinen Geist auf sie gesandt. Wir sind hier beisammen, um für unsere Pfarrei zu
beten.

Wir danken dir für unsere Pfarrgemeinde. Seit vielen Jahren ist sie unser Lebensraum. Sie ist wichtig im Auf und Ab unseres Alltags, in seinen schönen und in
seinen schweren Stunden. Die Beziehungen, in denen wir hier leben, die Erfahrungen, die wir hier machen, sind wichtig nicht nur für unser tägliches Leben, sondern
auch für unseren Glauben.

Wir bitten dich für alle Bewohner unserer Gemeinde. Begleite sie in ihrem Alltag.
Stärke alle, die als Christen hier leben, damit sie an dir festhalten und denen Zeug-
nis geben, die dich suchen. Sei bei denen, die sich mit der Kirche schwer tun und
die sich von ihr abwenden.

Sei bei unseren Seelsorgern und bei allen, die in unserer Pfarrei eine Aufgabe übernommen haben. Erhalte in ihnen die Bereitschaft zu vertrauensvoller Zusammenarbeit. Schenke ihnen den Blick für die Aufgaben, die anstehen, und das erforder-
liche Geschick, um sie anzupacken. Lass sie bei all ihren Bemühungen aber nicht
vergessen, dass du es bist, der wachsen und der reifen lässt.

Wir danken dir für alles Gute, das in unserer Gemeinde geschieht. Für die Heimat,
die sie uns bedeutet. Für die Treue, mit der ihr viele Menschen verbunden sind. Für
die Möglichkeiten, die sie schenkt, im Glauben zu wachsen. Wir danken für alle,
die durch ihr Dasein deine Liebe spürbar machen.

Wirke weiterhin in unserer Gemeinde durch deinen Geist. Zeige uns allen den Platz, an dem wir unsere Gaben einbringen können. Lass uns Bewährtes schätzen und Neues versuchen. Wecke in uns die Freude, miteinander zu planen und zu gestalten. Sei in unseren Herzen, lenke unsere Gedanken und Worte, unsere Hände und Füße.

Dein Geist ermuntere und leite uns. Er mache uns erfinderisch und ausdauernd. Er schenke uns die Gabe, Wesentliches vom Unwesentlichen zu unterscheiden. Er stärke und bewahre uns im Glauben, in der Hoffnung und in der Liebe.
Dein Segen komme auf uns und auf unsere Pfarre und bleibe dort heute und alle Tage und in alle Ewigkeit. Amen.

Ausklang
Wir wollen den Nachmittag mit einem gemütliches Beisammensein im Pfarrgarten ausklingen lassen.

Kopiervorlagen

Arbeitsauftrag für die Gruppen

Erste Gruppe – die Aufgabenstellung ist gemeindebezogen
– Wie kann sich der Seniorenkreis an der Gestaltung des Festes beteiligen?
– Welche Möglichkeiten sehen wir, Senioren und Seniorinnen, die sich nicht an der Feier beteiligen können, einzubinden?
– Weitere Tipps und Anregungen für die Feier.
Formulieren Sie Anregungen für den Pfarrgemeinderat!

Zweite Gruppe – die Fragestellungen sind mehr persönlich
– Warum ist es mir wichtig, Fronleichnam zu feiern?
– Was bedeutet mir die Kommunion?
– Wann brauche ich die Begegnung mit dem eucharistischen Jesus ganz besonders?
Formulieren Sie Statements für die Pfarrzeitung!

Ich bin, was ich bin
Der Talentekorb

Thema
Nicht nur die jungen, auch die alten Menschen haben Kompetenzen und Fähigkeiten. Oft sind sie sich dessen selbst nicht bewusst. Gemeinsam darüber nachzudenken, stärkt das Selbstwertgefühl und das Selbstvertrauen.

Vorbereitung
*   Arbeitsblatt mit dem Gleichnis vom anvertrauten Geld (Mt 25, 14–27) und den Impulsfragen für alle.
*   Obst, für alle Anwesenden aus farbigem Papier geschnitten: Apfel, Birne, Kirsche, Weintraube, Zwetschge
*   Für jede Obstsorte ein Körbchen, das beschriftet ist.
*   Liedertexte (GL 622, Kopiervorlage)
*   Filzstifte
*   Packpapier, auf das Körbe aufgezeichnet sind.
*   Klebestift
*   Tische für die Obstkörbe und als Platz zum Schreiben
*   Obstsalat als Erfrischung für alle

Besondere Aufgaben
*   Anfertigen des Papier-Obstes
*   Vorbereiten der Collage

Sitzordnung
*   Kreis
*   Tischgruppen für den Abschluss

Dauer
60 bis 90 Minuten

Einführung
Die Wörter, mit denen alte Menschen manchmal bezeichnet werden, sind oft nicht sehr schön: Grufti, Friedhofsgemüse, altes Eisen usw. Sie signalisieren: Du bist uninteressant, stehst im Wege, hast keinen Auftrag mehr. Immer wieder hört man aber auch von den alten Menschen selbst: Ich bin zu nichts mehr nütze! Ich

falle anderen nur zur Last! Meine Meinung und meine Erfahrung interessieren niemanden! Heute Nachmittag wollen wir uns Gedanken darüber machen, inwieweit solche Einstellungen wirklich stimmen und was wir dagegen setzen können. Wir stimmen uns auf das Thema ein und singen zunächst gemeinsam.

Gemeinsames Lied
Hilf, Herr meines Lebens (GL 622)

Bibelarbeit
Nun beschäftigen wir uns mit einem Text aus dem Evangelium, den wir alle kennen, dem Gleichnis vom anvertrauten Geld, auch Gleichnis von den Talenten genannt. N.N. ist so nett, ihn uns vorzulesen.

Das Gleichnis vom anvertrauten Geld
Mit dem Himmelreich ist es wie mit einem Mann, der auf Reisen ging: Er rief seine Diener und vertraute ihnen sein Vermögen an. Dem einen gab er fünf Talente Silbergeld, einem anderen zwei, wieder einem anderen eines, jedem nach seinen Fähigkeiten. Dann reiste er ab. Sofort begann der Diener, der fünf Talente erhalten hatte, mit ihnen zu wirtschaften, und er gewann noch fünf dazu. Ebenso gewann der, der zwei erhalten hatte, noch zwei dazu. Der aber, der das eine Talent erhalten hatte, ging und grub ein Loch in die Erde und versteckte das Geld seines Herrn. Nach langer Zeit kehrte der Herr zurück, um von den Dienern Rechenschaft zu verlangen. Da kam der, der die fünf Talente erhalten hatte, brachte fünf weitere und sagte: Herr, fünf Talente hast du mir gegeben; sieh her, ich habe noch fünf dazugewonnen. Sein Herr sagte zu ihm: Sehr gut, du bist ein tüchtiger und treuer Diener. Du bist im Kleinen ein treuer Verwalter gewesen, ich will dir eine große Aufgabe übertragen. Komm, nimm teil an der Freude deines Herrn! Dann kam der Diener, der zwei Talente erhalten hatte, und sagte: Herr, du hast mir zwei Talente gegeben; sieh her, ich habe noch dazu gewonnen. Sein Herr sagte zu ihm: Sehr gut, du bist ein tüchtiger und treuer Diener. Du bist im Kleinen ein treuer Verwalter gewesen, ich will dir eine große Aufgabe übertragen. Komm, nimm teil an der Freude deines Herrn! Zuletzt kam auch der Diener, der das eine Talent erhalten hatte, und sagte: Herr, ich wusste, dass du ein strenger Mann bist; du erntest, wo du nicht gesät hast, und sammelst, wo du nicht ausgestreut hast; weil ich Angst hatte, habe ich dein Geld in der Erde versteckt. Hier hast du es wieder. Sein Herr antwortete ihm: Du bist ein schlechter und fauler Diener! Du hast doch gewusst, dass ich ernte, wo ich nicht gesät habe, und sammle, wo ich nicht ausgestreut habe. Hättest du mein Geld wenigstens auf die Bank gebracht, dann hätte ich es bei meiner Rückkehr mit Zinsen zurückerhalten.
Mt 25, 14–27

Gespräch über das Gleichnis

Der Text ist für jeden auf einem Arbeitsblatt kopiert. Ich lade Sie jetzt ein, in Kleingruppen über dieses Gleichnis zu sprechen und sich dabei über folgende Fragen, die auch auf dem Blatt stehen, Gedanken zu machen *(siehe Kopiervorlage)*:

– Was löst der Text in mir aus: Dank, Ärger, Stress, Schuldgefühle …?
– Mit welcher der handelnden Personen identifiziere ich mich?
– Was bewegt mich an diesem Text?

Obstgarten

Zunächst in der Großgruppe, dann Einzelarbeit und Gespräch in Kleingruppen, die Ergebnisse werden dann wieder der Großgruppe vorgestellt.

In dieser Bibelstelle ging es um Erwartungen, die ein Mensch an andere hat und die er erfüllt sehen möchte. Zwei erfüllen die Erwartungen, die an sie herangetragen werden, der dritte nicht. Im Gegensatz zu den beiden anderen fehlt ihm offensichtlich dazu das Talent. Auf die Frage, ob der Mann dafür ein anderes hat, das den Herrn aber nicht interessiert, geht der Text nicht ein. Wir versuchen nun, diesen Text auf uns anzuwenden. Jeder von uns hat Fähigkeiten und Talente, jeder von uns ist den Erwartungen anderer ausgesetzt, hat aber auch Idealvorstellungen von sich selbst. Wir wollen dem weiter nachspüren. Hier stehen Körbchen mit verschiedenem Obst, das aus Buntpapier ausgeschnitten ist. Jeder ist nun eingeladen, sich von jeder Sorte Obst ein Stück zu nehmen und darauf zu schreiben:

Apfel:	Was ich kann
Birne:	Was ich einmal konnte, inzwischen aber verlernt habe
Zwetschge:	Was ich in den letzten Jahren dazu gelernt habe
Kirsche:	Was ich mir noch aneignen möchte
Traube:	Worum mich andere beneiden

Wenn Sie Ihr Obst beschriftet haben, suchen Sie sich unter den Anwesenden zwei Personen aus, mit denen Sie sich darüber austauschen möchten: Welche Gemeinsamkeiten, welche Unterschiede stellen wir fest? Was ist uns voneinander neu? Können wir etwas miteinander verwirklichen?

Großgruppe

Nach den sicher recht interessanten und anregenden Gesprächen in den kleinen Gruppen setzen wir uns wieder im Kreis zusammen. Wir »ernten« jetzt unser Obst, d.h. wir sammeln zunächst alle Äpfel in einen Korb, dann alle Birnen, alle Zwetschgen usw. Wer möchte, kann dabei sagen, was auf seinem Apfel, seiner Birne, seiner Zwetschge usw. steht.

Der Talentekorb

Unser Obst, d.h. unsere Talente, sammeln wir nun in einem »Talentekorb«. Wir gestalten die Äpfel, Birnen und Zwetschgen, die Kirschen und Weintrauben auf dem vorbereiteten Packpapier. *(Wenn das ganze Obst aufgeklebt ist, wird die fertige Collage gemeinsam betrachtet und besprochen.)*

So vielfältig und reichhaltig wie diese Obstkörbe gefüllt sind, sind wir. Wir haben vieles gemeinsam, wir ergänzen einander, ein jeder hat oder kann etwas, was ihn vom anderen unterscheidet und unverwechselbar macht. Manche Talente haben wir schon lange, andere sind uns erst durch das Älterwerden zugewachsen. Lässt sich die Behauptung halten, alte Menschen seien zu nichts nutze? Ihre Talente sind vielleicht anders, als sie erwartet werden und der damit verbundene Nutzen und Wert nicht auf den ersten Blick sichtbar. Doch es gibt ihn und es profitieren mehr davon, als es den Anschein hat. Darüber können wir dankbar sein und uns freuen. Wir singen gemeinsam:

Kanon

Lasst uns miteinander (siehe Kopiervorlage)

Abschluss

Ja will ich sagen zu meiner
ureigenen, von Gott gewollten
und geschaffenen Gestalt, meiner
von ihm geliebten Einmaligkeit.

Ja will ich sagen zu meiner
von Gott gefügten Lebensgeschichte
und allen mit mir gegangenen Wegen,
auf denen er mich liebevoll geführt hat.

Ja will ich sagen zu meinen
mir von Gott geschenkten Gnaden
und Begabungen, meinen mir von ihm
gesetzten Grenzen und Schatten.

Ja will ich sagen zu meiner
von Gott empfangenen Zeit,
meiner Zukunft, die er für mich
geplant und vorgesehen hat.
Paul Weismantel

Ausklang
Zum Ausklang lassen wir uns einen Obstsalat schmecken!

Kopiervorlagen

Arbeitsblatt zum Bibeltext
Das Gleichnis vom anvertrauten Geld

Mit dem Himmelreich ist es wie mit einem Mann, der auf Reisen ging: Er rief seine Diener und vertraute ihnen sein Vermögen an. Dem einen gab er fünf Talente Silbergeld, einem anderen zwei, wieder einem anderen eines, jedem nach seinen Fähigkeiten. Dann reiste er ab. Sofort begann der Diener, der fünf Talente erhalten hatte, mit ihnen zu wirtschaften, und er gewann noch fünf dazu. Ebenso gewann der, der zwei erhalten hatte, noch zwei dazu. Der aber, der das eine Talent erhalten hatte, ging und grub ein Loch in die Erde und versteckte das Geld seines Herrn. Nach langer Zeit kehrte der Herr zurück, um von den Dienern Rechenschaft zu verlangen. Da kam der, der die fünf Talente erhalten hatte, brachte fünf weitere und sagte: Herr, fünf Talente hast du mir gegeben; sieh her, ich habe noch fünf dazugewonnen. Sein Herr sagte zu ihm: Sehr gut, du bist ein tüchtiger und treuer Diener. Du bist im Kleinen ein treuer Verwalter gewesen, ich will dir eine große Aufgabe übertragen. Komm, nimm teil an der Freude deines Herrn! Dann kam der Diener, der zwei Talente erhalten hatte, und sagte: Herr, du hast mir zwei Talente gegeben; sieh her, ich habe noch dazu gewonnen. Sein Herr sagte zu ihm: Sehr gut, du bist ein tüchtiger und treuer Diener. Du bist im Kleinen ein treuer Verwalter gewesen, ich will dir eine große Aufgabe übertragen. Komm, nimm teil an der Freude deines Herrn! Zuletzt kam auch der Diener, der das eine Talent erhalten hatte, und sagte: Herr, ich wusste, dass du ein strenger Mann bist; du erntest, wo du nicht gesät hast, und sammelst, wo du nicht ausgestreut hast; weil ich Angst hatte, habe ich dein Geld in der Erde versteckt. Hier hast du es wieder. Sein Herr antwortete ihm: Du bist ein schlechter und fauler Diener! Du hast doch gewusst, dass ich ernte, wo ich nicht gesät habe, und sammle, wo ich nicht ausgestreut habe. Hättest du mein Geld wenigstens auf die Bank gebracht, dann hätte ich es bei meiner Rückkehr mit Zinsen zurückerhalten.
Matthäus 25, 14–27

Impulsfragen
• Was löst der Text in mir aus: Dank, Ärger, Stress, Schuldgefühle … ?
• Mit welcher der handelnden Personen identifiziere ich mich?
• Was bewegt mich an diesem Text?

Kanon: »Lasst uns miteinander«

Lasst uns mit-ein-an - der, lasst uns mit-ein-an- der sin - gen, lo - ben,

prei-sen den Herrn, lasst uns dies ge - mein-sam tun! Sin- gen, lo - ben,

prei-sen den Herrn, sin- gen, lo- ben, prei-sen den Herrn, sin- gen, lo- ben,

prei-sen den Herrn, sin - gen, lo - ben, prei-sen den Herrn!

Sin - gen, lo - ben prei - sen den Herrn!

T/M: mündlich überliefert

Lebensräume gestalten – Glaubensräume öffnen

Die Pfarrgemeinde: Raum des Lebens – Raum des Glauben

Thema

Für viele Senioren und Seniorinnen ist ihre Pfarrgemeinde ihre Heimat. Sie wohnen dort seit langen Jahren, haben einen Freundeskreis gefunden und das Leben ihrer Pfarrei unter sich immer wieder ändernden Bedingungen mitgestaltet. Zur Zeit ändert sich vieles: Pfarreien werden zusammengelegt oder Formen überpfarrlicher Zusammenarbeit gesucht, der Weg zur Sonntagsmesse wird weiter, eine Eucharistiefeier gibt es nicht mehr regelmäßig, vertraute Einrichtungen wie Ordensniederlassungen werden aufgelöst usw. Dadurch ändert sich das Erscheinungsbild der Pfarrei, die Zusammensetzung von Gremien, die Schwerpunkte des Pfarrlebens. Viele fragen sich: Ist dies noch »meine« Gemeinde? Was gehört zu unserer Gemeinde? Was soll oder kann sich ändern, was nicht?

Vorbereitung

- Zettel
- Stifte
- Kopien der Texte für die SprecherInnen
- Liedtext (Taizé 19)
- Arbeitsblatt

Besondere Aufgaben

- SprecherInnen für den Text: Gemeindemodelle

Sitzordnung

- Kreis oder Tischgruppen
- Kaffeetische

Dauer

60 bis 90 Minuten

Einleitung

Alle, die wir hier sind, sind unserer Pfarrgemeinde seit langer Zeit verbunden. Wir sind hier aufgewachsen oder wohnen schon lange hier, haben Aufgaben übernommen oder tragen das Gemeindeleben in einer anderen Form mit. Viele von uns haben auch die unterschiedlichsten Persönlichkeiten erlebt, die unsere Pfarrei geprägt haben: Pfarrer, Kapläne, Kirchenbesucher, Mitarbeiterinnen und Mitarbeiter.

Auch in der Kirche hat sich viel verändert. Nun ist in den Gemeinden wieder manches in Bewegung: Kirchenbesucher werden weniger und älter; größere, mehrere Pfarreien umfassende Seelsorgeeinheiten werden geschaffen; Orden ziehen sich aus der Pfarrseelsorge zurück; die Aufgaben der Gemeindekrankenschwester übernimmt die Sozialstation usw. Viele fragen sich, ob sie sich umsonst engagiert haben und wohin der Weg in die Zukunft gehen soll. Wir wollen heute einmal darüber nachdenken, was uns für das Leben der Pfarre wichtig ist und was wir ihr für die Zukunft wünschen. Wir wollen auch ins Neue Testament schauen und sehen, was wir dort über Gemeinden und Gemeindeleben erfahren und was davon immer noch gültig ist. Zunächst begeben wir uns in Gedanken auf eine Zeitreise. Wenn Sie wollen, schließen Sie dabei die Augen.

Zeitreise in die Gemeinde
–   Ich denke an die Pfarrei, in der ich aufgewachsen bin,
–   an die Personen, die ich dort erlebt habe: Pfarrer, Kapläne, Religionslehrer, Ordensleute,
–   an ihre Aufgaben, Eigenheiten, Stärken und Schwächen,
–   an die Gottesdienste von damals: Welche hat es gegeben? Wie viele sind es gewesen? Wie waren sie gestaltet? Wie habe ich die Sonn- und Feiertage erlebt?
–   Jetzt denke ich an die Jugendgruppen, Ministrantengruppen und Gruppen für die Erwachsenen,
–   an besondere Ereignisse für die Pfarrei, für die Kirche.
–   Ich denke an die Pfarrei, in der ich jetzt wohne: Was ist mir dort wichtig und wertvoll? Was hat sich verändert? Was ist gleich geblieben?
–   Wie fühle ich mich in der Gemeinde?

Mit diesem letzten Impuls sind wir wieder in der Gegenwart. Wie ist es Ihnen mit dieser Zeitreise ergangen? Was davon möchten Sie uns allen erzählen? *(Gespräch)* Danke für diese interessanten Einblicke. Ich glaube, so persönlich haben wir uns in dieser Runde noch selten ausgesprochen. Ich versuche nun, einen roten Faden durch die Wortmeldungen zu ziehen. Einige Gedanken sind ja öfters gekommen, z.B. der der Gemeinschaft, des Miteinanders, der Heimat. Auch im Neuen Testament spielen diese Gesichtspunkte eine Rolle. Diese stellen N.N. und N.N. uns zunächst vor, dann sprechen wir in Gruppen zu zweit oder zu dritt darüber.

Gemeindemodelle im Neuen Testament

Haus, Wohnung (1 Kor 3,16; Eph 2,20–22; 1 Petr 2)

Paulus vergleicht den Aufbau der Gemeinde mit dem Bau eines Hauses. Im Epheserbrief verknüpft er sogar Hausbau und Tempel miteinander. Ein Haus wird nach und nach gebaut, muss von Zeit zu Zeit restauriert werden, irgendwann einmal ist ein größerer Umbau fällig. So geschieht es auch in der Pfarrgemeinde. Nach und nach wächst etwas, verändert sich etwas, bricht etwas ein und entsteht neu und anders wieder. Mit »Haus« verbinden wir auch: Heimat, Wurzeln, Geborgenheit. Es ist das, was uns unsere Pfarrei ist und was sie – wie wir zumindest hoffen – für die kommenden Generationen sein soll. Haus steht auch für Alltag, für Lebensraum. Unsere Pfarrgemeinde ist Lebensraum, bietet Begegnungsmöglichkeiten und ist vor allem Raum unseres Glaubenslebens. Gott ist nicht abgehoben von unserem Alltag. Wir begegnen ihm in unserer Lebenswelt, in der sich auch unser Glauben erweist und bewährt.

Familie (Gal 3,26 ff.; Eph 5; Kol 3)

Ein anderes Bild für die Gemeinde im Neuen Testament ist »Familie«. Mit Familie verbinden wir menschliche Nähe, Zusammengehörigkeit, aber auch ein Auf-einan-der-angewiesen-Sein und eine gegenseitige Verantwortlichkeit. Die Gemeinde, die sich als Familie versteht, bemüht sich um ein Miteinander, um Zusammengehörigkeit. Dabei stellt sie das Verständnis von Familie auf eine breitere Basis. In der Gemeinde Christi, der Familie des Herrn, geht es um Brüder und Schwestern des einen Vaters, die alle das gleiche Ziel verfolgen: durch ihr Miteinander Gott als die Mitte einer jeden Gemeinschaft von Menschen zu bezeugen.

Leib (Röm 12,4–8; 1 Kor 12,12–31, Eph 4,16)

Das Bild vom Leib präzisiert nochmals das Bild von der Familie. In einem größeren Ganzen kommen jedem einzelnen Teil ein eigener Platz, eine eigene Aufgabe, ein eigener Wert und eine eigene Würde zu. Es gibt kein besser oder schlechter, kein wichtiger und weniger wichtig. Ausschlaggebend ist die Zugehörigkeit zu Jesus Christus. Diese hebt Gegensätze auf, die unter Menschen oft eine große Rolle spielen und lässt für Diskriminierungen keinen Raum. Dadurch und durch die Haltung von gegenseitiger Liebe und Wertschätzung unterscheidet sich eine christliche Gemeinde von anderen Gemeinden und Gemeinschaften.

Volk (Gal 3,26; 1 Petr 2,9–10)

Das Kirchenbild des Zweiten Vatikanums ist die Kirche als das pilgernde Gottesvolk. Dieses Bild stellt die Kontinuität zum Volk Israel heraus und erweitert gleichzeitig den Begriff Volk. Es geht nicht um eine Nation, sondern um die Menschen, die sich zu Gott bekennen, die mit ihm und zu ihm unterwegs sind. Der Glaube verbindet alle Menschen und Nationen. Er ist gegenüber Werten wie Nationalität, Geschlecht, sozialer Status der höhere Wert. Sich einer Weggemeinschaft anzuschließen, steht jedem offen, der ihre Werte zu den seinen macht; eine Weggemeinschaft kann man auch wieder verlassen, allerdings nicht ohne Konsequenzen.

Ekklesia – Bürgerversammlung (steht an 114 Stellen des NT)
Die häufigste Bezeichnung für die Gemeinde im Neuen Testament ist Ekklesia – Bürgerversammlung. Sie spricht den Öffentlichkeitscharakter der Gemeinde an und stellt den Anspruch der Christengemeinden heraus, Zeichen gesellschaftlicher Verantwortung, von Innovation und Integration zu sein. In den frühen christlichen Gemeinden hatten auch jene Platz, Stimme und Ansehen, denen sie in den damaligen bürgerlichen Gemeinden verwehrt wurden: Sklaven, Soldaten, Fremde, Frauen. Auch heute sind in diesem Sinne – vor allem im Sozialbereich – Pfarrgemeinden und kirchliche Einrichtungen engagiert und übernehmen menschliche und soziale Verantwortung und weisen auf Lücken im öffentlichen System hin.

Weinstock und Rebzweige (Joh 15,1–17)
Das Bild vom Weinstock und den Rebzweigen stellt die Unmittelbarkeit und Direktheit der Christusbeziehung des Einzelnen heraus. Nur wer aus der Gemeinschaft mit Christus lebt, vermag die Früchte des Christseins hervorzubringen. Diese Früchte sind am Halten der Gebote Jesu, vor allem an der Geschwisterliebe zu erkennen. Wer denkt und handelt wie Jesus, darf sich seinen Freund nennen.

Gespräch in Kleingruppen
Mit diesen Informationen im Hinterkopf setzen wir uns nun in kleinen Gruppen zusammen und diskutieren folgende Fragen *(die Impulsfragen in Kopie an die Gruppen verteilen; siehe Kopiervorlage)*:

* Was macht unsere Gemeinde zum Haus, zur Familie, zu einer Stimme in der Öffentlichkeit?
* Was geschieht in unserer Gemeinde, damit die Verbindung zu Jesus lebendig bleibt?
* Was davon müsste stärker gesehen bzw. verbessert werden?

Wünsche, Anregungen und Gedanken für den Pfarrgemeinderat
Ich bitte Sie nun, so langsam die Gespräche zu beenden! Damit unsere Gedanken nicht verloren gehen, habe ich mir gedacht, wir schreiben sie auf und geben sie an unseren Pfarrgemeinderat weiter. Papier und Stifte sind vorbereitet. Jeder ist einge-

laden, den Wunsch oder Gedanken aufzuschreiben, der ihn bewegt, wenn er an unsere Pfarrei denkt. Dann möchte ich die Zettel einsammeln und in der nächsten Pfarrgemeinderatssitzung darüber sprechen. Zum Abschluss des heutigen Nachmittages teilen wir uns noch gegenseitig mit, was auf den Wunschzetteln steht und sprechen wir noch ein Gebet für unsere Pfarrei.

Gebet für unsere Pfarrgemeinde
Lebendiger Gott,
wo zwei oder drei in Jesu Namen versammelt sind bist du unter ihnen. Wir sind hier zusammen um für unsere Pfarrgemeinde zu beten. Wirke in unserer Gemeinde durch deinen Geist. Wecke auf, was eingeschlafen ist, gib Mut, wo Ängstlichkeit um sich greift, lenke unsere Gedanken und Worte, unsere Hände und Füße.

Begleite unsere Seelsorger und alle, die in unserer Pfarrei mitarbeiten. Erhalte in ihnen die Bereitschaft zu vertrauensvoller Zusammenarbeit. Schenke ihnen das Gespür für die Aufgaben, die jetzt anstehen und gib ihnen die Kraft, die sie dazu brauchen.

Sei bei allen Bewohnern unserer Gemeinde. Begleite alle, denen ihr Leben ein Anliegen ist. Stärke alle, deren Glauben hier grundgelegt wurde, damit sie an dir festhalten können in guten und in schlechten Tagen. Schenke unseren Verstorbenen das Leben in deiner Nähe.

Maria sei unser Vorbild im Glauben und im Vertrauen. Auf ihre Fürsprache festige unser Bemühen, aus den Gaben des Heiligen Geistes, den wir alle empfangen haben, zu leben. Vollende du das gute Werk, das du selbst in uns begonnen hast.

Wir danken dir für alles Gute, das in unserer Gemeinde geschieht. Für die Treue, mit der ihr viele Menschen verbunden sind. Für die Heimat, die sie uns bedeutet. Für die Wege, auf denen du allen ihren Bewohnern begegnen möchtest. Für alle, die durch ihr Leben deine Liebe und Zuneigung zu den Menschen verspüren lassen.
So preisen wir jetzt zusammen deine Herrlichkeit und singen das Magnificat.

Lied
Magnificat (Taizé 19)

Ausklang
Gemütlicher Kaffeetisch.

Kopiervorlagen

Impulsfragen für die Kleingruppen

- Was macht unsere Gemeinde zum Haus, zur Familie, zu einer Stimme in der Öffentlichkeit?
- Was geschieht in unserer Gemeinde, damit die Verbindung zu Jesus lebendig bleibt?
- Was davon müsste stärker gesehen bzw. verbessert werden?

Tag des Herrn – Tag für die Menschen
Überlegungen zu Sonntag und Sonntagsgestaltung

Thema
Ein Rentner oder eine Rentnerin lebt in einem ewigen Sonntag oder in einem dauernden Urlaub – so ist die Vorstellung vieler Berufstätiger. Sicher ist für Ruheständler der Unterschied zwischen Sonntag und Werktag nicht so groß, wie für Berufstätige, dennoch stellt er sie vor manches Problem. Am Sonntag fehlen z. B. AnsprechpartnerInnen und Kommunikationsmöglichkeiten.

Ganz allgemein geht das Wissen um die eigentliche Bedeutung des Sonntags immer mehr verloren. Durch die Diskussion um die Ladenöffnungszeiten und die Ausweitung der Sonntagsarbeit wird der Sonntagsgedanke zusätzlich aufgeweicht. Worum geht es also am Sonntag und wie kann man ihn sinnvoll gestalten, auch wenn man an diesem Wochentag auf sich alleine verwiesen ist?

Vorbereitung
*   Zettel
*   Pinnwand
*   Stifte
*   Arbeitsblatt: Was ist mir am Sonntag wichtig?
*   Text für Herr / Frau Sonntag
*   Gedicht »Gedanken zum Sonntag« für alle

Besondere Aufgaben
*   Frau oder Herr Sonntag
*   HelferInnen beim Brainstorming
*   SprecherIn für das Abschlussgedicht

Sitzordnung
*   Kreis oder Stuhlreihen
*   Kaffeetisch(e)

Dauer
90 Minuten

Einleitung

Der Sonntag als wöchentlicher Ruhetag kommt immer wieder in die Diskussion. Dabei geht es schon lange nicht mehr darum, was und wie viel nötig ist, damit an einem allgemeinen Ruhetag das öffentliche Leben nicht zusammenbricht. Vielmehr geht es um wirtschaftliche Interessen wie Produktionskapazitäten oder Ladenöffnungszeiten. Dem gegenüber steht die Forderung nach einer Ruhepause, nach einer Aus-Zeit vom Alltäglichen, die alle nötig haben. Für Christinnen und Christen ist der Sonntag »Tag des Herrn«, der Tag, an dem Gottes Wort besonders im Mittelpunkt steht. Ich kenne aber auch Menschen – gar nicht so wenige –, die sich vor dem Sonntag fürchten. Für sie ist es ein Tag der Leere, ein Tag ohne Inhalt. Sammeln wir einmal, was uns zum Sonntag einfällt. Rufen Sie Ihren Gedanken einfach heraus. Frau N.N. schreibt uns die Stichworte auf und bringt die Zettel an der Pinnwand an.

Brainstorming

Die Stichworten zum Sonntag werde durch Zuruf gesammelt, notiert und dann sortiert.

Wir haben hier nun viele Assoziationen zum Sonntag. Sie vermitteln einen Einblick in das, was uns der Sonntag bedeutet und wie wir den Sonntag verbringen. Das eine oder andere Stichwort sagt uns auch, worum es am Sonntag geht oder gehen sollte. Für diese Fragen steht uns jetzt Frau Sonntag zur Verfügung. Frau Sonntag, Sie haben sich ausführlich mit der Geschichte des Sonntags beschäftigt und lassen uns an Ihrem Wissen gerne teilhaben. Ich frage Sie jetzt ganz grundsätzlich: Was ist der Sinn des Sonntags?

Frau Sonntag: Der Sinn des Sonntages? Da ist zunächst einmal der Sabbat-Gedanke aus dem Alten Testament: Der Sabbat unterbricht den Alltag. An den Wochentagen steht die tägliche Arbeit mit ihren Verpflichtungen im Vordergrund. Ohne eine Verschnaufpause geht es nicht. Diese Verschnaufpause ist gleichzeitig die Möglichkeit, sich auf das zu besinnen, was im Laufe der Woche ins Hintertreffen geraten ist, sich Zeit zu nehmen für Dinge, die zu kurz gekommen sind, Kraft zu schöpfen. Die Israeliten wussten schon, im Alltag ist es schwer, an Gott zu denken. Es gibt zu viele Dinge, die ablenken. Der Sabbat bot die Gelegenheit, dies zu tun. Die Israeliten dachten an die Vollendung der Schöpfung, an die Befreiung aus Ägypten und feierten den Bund Gottes mit seinem Volk. Den Sabbat zu halten, war Zeichen des Glaubens an Gott und Zeichen der Treue zu dem mit ihm geschlossenen Bund.

L: Frau Sonntag, was Sie eben über den Sabbat gesagt haben, gilt doch auch für unseren christlichen Sonntag! Er ist der Tag der Arbeitsruhe, der Tag, an dem man sich auf Gott besinnt, so haben wir es jedenfalls gelernt und immer gehalten.

Frau Sonntag: Ja, natürlich. Die Christinnen und Christen sahen sich ja in der Tradition des Judentums, doch formten sie diese in ihrem Sinne um. Sie versammelten sich nicht am Sabbat, sondern am Tag darauf, dem »Ersten Tag der Woche« zum Gedächtnis der Auferstehung Jesu. In der Frühzeit des Christentums gab es eine sonntägliche Arbeitsruhe natürlich nicht. Deshalb musste der Gottesdienst entweder am frühen Morgen oder am Abend stattfinden. Erst mit der staatlichen Anerkennung des Christentums wird der Sonntag zum staatlich geschützten Ruhetag. Ein Gesetz aus dem Jahre 337 begründete die Arbeitsruhe ausdrücklich damit, dass jeder die Gelegenheit haben sollte, den Gottesdienst zu besuchen. Erst relativ spät, im Mittelalter, begründete man die Pflicht zum sonntäglichen Messbesuch mit dem dritten Gebot: »Gedenke, dass du den Sabbat heiligst«.

L: Frau Sonntag, sagen Sie uns doch, seit wann gibt es das sogenannte Sonntagsgebot? An diesem Gebot entzünden sich ja viele Konflikte: Berufstätige wollen sich am Sonntag ausschlafen und gehen daher nicht in die Kirche. Vereine setzen Mitgliederveranstaltungen am Sonntagvormittag an, was für manche Vereinsmitglieder, die praktizierende Christen sind, zu Gewissenskonflikten führt. In Stammtischrunden kann man dann sogar hören, dass die Kirche, der wir den Sonntag verdanken, der Sonntagsgestaltung im Weg steht.

Frau Sonntag: Den Gottesdienst zu besuchen, war über Jahrhunderte selbstverständlich. Von einer »Sonntagspflicht« war noch keine Rede, allerdings findet sich schon im Hebräerbrief (Kap. 10, 25) die Mahnung, den Versammlungen der Gemeinde – damit ist wohl die Eucharistiefeier gemeint – nicht fernzubleiben. Das Kirchengebot zum sonntäglichen Messbesuch gibt es erst seit dem 15. Jh. Es zeigt, dass dieser damals nicht so selbstverständlich gewesen ist – aus welchen Gründen auch immer. Die Zeit aber, wo die Kirche mit Geboten und Verboten etwas erreichen konnte, ist sicher vorbei. Heute geht das nur mehr auf dem Weg der Überzeugungsarbeit.

L: Es gibt ja noch weitere heiße Eisen in Punkto Sonntag: die Ladenöffnungszeiten und die flexiblere Gestaltung der Arbeitszeit, wie es so schön heißt. Hier stehen doch wirtschaftliche Interessen gegen den Sabbatgedanken, den Sie vorhin erwähnt haben: Sich auf etwas zu besinnen, das während der Woche untergeht, auszuruhen, wieder zu Kräften kommen. Das sind doch allgemein menschlich-notwendige Dinge!

Frau Sonntag: Natürlich. Hier sind sich alle einig, denen es darum geht, Räume sicherzustellen, in denen der Mensch auch Mensch sein kann. Als Christinnen und Christen sagen wir aber, das ist nicht alles. Uns geht es am Sonntag auch um den, der unsere Bedürfnisse wirklich befriedigen kann. Bedürfnisse, die tief in uns verborgen sind wie: Geborgenheit, Liebe, Sinn, Erfüllung. Hier liegt auch der Sinn des Sonntgsgottesdienstes.

L: Das müssen Sie uns noch genauer erklären!

Frau Sonntag: Christinnen und Christen kommen am Sonntag zusammen, um den auferstandenen Jesus zu feiern. Sie blicken also im Sonntagsgottesdienst nicht nur auf das zurück, was einmal war. Sie verkündigen die Gegenwart Jesu in der Gemeinde und blicken nach vorne. Sie erwarten die Vollendung der Schöpfung, das Kommen des Herrn. Die Sehnsucht nach dem wachzuhalten, der uns schenkt, was wir für unser Leben brauchen – auch das gehört zum Sinn des Sonntags. Eine Aufgabe, die ältere Menschen bei dieser Sonntagsdiskussion einnehmen können, ist darauf immer wieder hinzuweisen.

L: Da fällt mir noch etwas ein – doch dann müssen wir das Gespräch leider beenden! Für viele ältere Menschen ist der Sonntag der Tag, den sie am wenigsten mögen, ja sogar fürchten, weil da vieles, was für sie Abwechslung bedeutet, wegfällt. Vielleicht gibt es doch Möglichkeiten für sie, den Sonntag zu gestalten im Sinne von Einkehr, von Gemeinschaft, von aufeinander zugehen, schlicht und einfach, am Sonntag das zu tun, was man sonst nicht tut?

Frau Sonntag: Diese Überlegung gebe ich gerne an die ganze Runde zurück. Überlegen Sie – zunächst einmal jeder für sich:
Was war am Sonntag wichtig? Was ist mir jetzt am Sonntag wichtig? Worin sollte sich der Sonntag von den anderen Wochentagen unterscheiden? Welche Möglichkeiten, den Sonntag zu gestalten, stehen mir offen? Was wünsche ich mir für den Sonntag? Kann ich anderen etwas zur Sonntagsgestaltung anbieten? Sprechen Sie dann mit Ihren Sitznachbarn darüber und notieren Sie Ihre Wünsche, Ideen, oder Vorschläge *(Arbeitsblatt – siehe Kopiervorlage – mit Fragen an alle austeilen)*.

Abschluss

Nutzen Sie jetzt noch die Gelegenheit, die Wünsche und Gedanken, die Ihnen gekommen sind, allen mitzuteilen. Vielleicht ergeben sich daraus auch Möglichkeiten und Ideen zu einer gemeinsamen Sonntagsgestaltung.

Wir schließen unser Thema ab mit dem Gedicht einer alten Dame: »Gedanken zum Sonntag«. Frau Hanna Folvar aus Wien (Jahrgang 1924) hat diesen Text dem Autor dieses Buches am Stand der Seniorenpastoral bei der Wiener-Herbst-Senioren-Messe im November 2006 diktiert. Sie möchte damit anderen eine Freude machen und zum Nachdenken über den Sonntag anregen. Sie sagt darin, was sie am Sonntag bewegt, und möchte damit auf ihre Weise zum Nachdenken über den Sonntag beitragen. Von diesem Gedicht können Sie auch gerne eine Kopie mit nach Hause nehmen. Frau N.N. trägt es uns jetzt vor.

Gedanken zum Sonntag

Ich weiß, dass mir der liebe Gott das Leben hat geschenkt,
dass er die Sonne und den Mond und auch die Sterne lenkt.
Aus unsrer Erde machte er das allerschönste Stück
Er liebte wohl die Menschen sehr und bot uns an das Glück.
Wie herrlich und wie wunderbar ist es auf unserer Welt,
wenn Friede herrscht und Liebe blüht, es uns an nichts mehr fehlt.
Doch wünschte sich der liebe Gott ein kleines bisschen Dank:
Am Sonntag soll sein ein Gebet,
es kann sein ein Gesang.
Ich freu mich, dass ich leben darf,
kann sehn den Sonnenschein,
darf hören wenn ein Vogel singt
und Blumen laden ein.
Ich hab ein Herz, das lieben kann,
und sage »danke sehr«!
Ich fühle mich unendlich reich,
hab keine Wünsche mehr.
Hanna Folvar

Ausklang

Danke, Frau N.N., für das Vortragen. Nun setzen wir uns noch zu Kaffee und Kuchen zusammen.

Variante

Auf ähnliche Weise können auch Feiertag, Ferien, Urlaub thematisiert werden.

Arbeitsblatt: Was ist mir am Sonntag wichtig?

Was war am Sonntag wichtig? Was ist mir jetzt am Sonntag wichtig? Worin sollte sich der Sonntag von den anderen Wochentagen unterscheiden? Welche Möglichkeiten, den Sonntag zu gestalten stehen mir offen? Was wünsche ich mir für den Sonntag? Kann ich anderen etwas zur Sonntagsgestaltung anbieten?

Mein ganzes Glück bist du allein (Psalm 16)
Über Glauben und Aberglauben

Thema
Votivbilder oder Danktafeln in Wallfahrtskirchen sprechen von Gebetserhörungen, von Schutz und unerwarteter Hilfe bei einem Notfall. Meistens beziehen sich diese auf die Gottesmutter, einen anderen Heiligen oder auf den Schutzengel, denen man für Hilfe in der Not dankt. Aber es werden auch abergläubische Praktiken angewendet, um ein glückliches Leben zu garantieren, Talismane oder Glücksbringer getragen, die mit dem Glauben nichts mehr zu tun haben. Es ist gut, hier etwas genauer hinzuschauen und zwischen Gottvertrauen und Aberglauben zu unterscheiden, vor allem aber sich dabei bewusst zu machen, dass es letztlich nur Gott ist, auf den ich mein Leben bauen kann.

Vorbereitung
*   Bilder oder Gegenstände, die von unerwarteter Hilfe erzählen, Bilder, die Schutz und Geborgenheit ausdrücken, Bilder oder Statuen von Schutzheiligen
*   Glücksbringer, Talismane (die TeilnehmerInnen vorher bitten, Bilder und Gegenstände mitzubringen)
*   Liedtext (Taizé 61)
*   Fragen für Kleingruppen in Kopie

Besondere Aufgaben
*   SprecherIn für den Abschlusspsalm

Sitzordnung
*   Kreis (gestaltete Mitte mit den mitgebrachten Bildern und Gegenständen)

Dauer
90 Minuten

Einstieg
Seit den frühesten Zeiten glauben die Menschen, dass es Kräfte gibt, die ihr Leben im guten oder im schlechten Sinn beeinflussen können. Wir beten auch zu Schutzheiligen und zu Schutzengeln und glauben an ihre Hilfe. Manche versuchen, durch das Tragen von Talismanen oder Glücksbringern die schlechten Kräfte abzuwehren oder durch alle möglichen Riten die guten Kräfte für sich zu vereinnahmen. Hier haben wir Bilder und Gegenstände zusammengetragen, die dies bezeugen.

Darüber hinaus gibt es auch Gesten und Gebärden, die das Böse abwehren und das Gute herbeizwingen sollen. Schauen wir uns zu Beginn die mitgebrachten Dinge an! Ich bitte jeden, der einen Gegenstand mitgebracht hat, kurz darüber zu sprechen. Was bedeutet er ihm? Welche Hoffnungen und Wünsche verbindet er damit?

Gespräch über die mitgebrachten Gegenständen

Wir sehen hier also Bilder, die Schutz und Geborgenheit ausdrücken, wie z.B. die Schutzmantelmadonna oder ein Schutzengel, der zwei Kinder begleitet, die auf einer wackeligen Brücke einen Bach überqueren. Ein Rosenkranz spricht vom Vertrauen ins Gebet, Muttergottesmedaillen vom Glauben an die helfende Macht Marias. Auch Votivbilder, Votivgaben oder Dankestafeln, die wir in Wallfahrtskirchen sehen können, erzählen davon. Daneben liegen Glücksbringer und Glückszeichen wie Hufeisen oder Glückspilze und andere Silvesterabzeichen, Traumfänger, Maskottchen. Da stellt sich für mich die Frage: Welche Bedürfnisse und Sehnsüchte werden durch solche Zeichen und Bilder angesprochen? Was vermitteln sie zu Begriffen wie: Böses, Versuchung, Glaube, Gott? Letztlich führen sie zu der Frage: Woran glaube ich? Worauf setze ich mein Vertrauen? Tauschen wir uns darüber jetzt aus!

»Führe uns nicht in Versuchung«

Jeden Tag bitten wir im Vaterunser: Führe uns nicht in Versuchung (Mt 6,13). Diese Bitte wird häufig missverstanden. Sie meint nämlich das Gegenteil dessen, was wir mit ihrem Wortlaut verbinden: Führe uns in der Versuchung! Lass uns nicht in Versuchung fallen! Mit »Versuchung« ist gemeint: Glaubensschwäche, Gefährdung des Glaubens, in Gefahr laufen, den Glauben zu verlieren, weil das Böse so stark ist. Die Bitte ist nicht nur für die Zeit der jungen Kirche aktuell, sondern auch heute. Keiner von uns kann behaupten, dass er der Gefahr, den Glauben zu verlieren, nicht ausgesetzt ist. Denken wir an manche Ereignisse, die es uns schwer machen, an einen guten Gott zu glauben! Denken wir an die Esoterik, die dazu verleitet, den Glauben und das Vertrauen anderswohin auszurichten und Wahrsagern, Horoskopen und anderen Praktiken mehr zu trauen als Gott. Jesus spricht immer wieder vom Vertrauen in Gott. Die Bitte geht daher weiter: »Erlöse uns von dem Bösen«. Gott ist der Stärkere. Er kann uns aus Situationen retten, denen wir uns ausgeliefert fühlen. Immer gibt es Situationen, die unseren Glauben fordern (mit den Worten der Bibel: »Auf die Probe stellen«). Dort sind wir ganz besonders auf die Hilfe Gottes angewiesen! Wenn es uns leichter fällt, dieses Vertrauen Maria, einem anderen Heiligen oder dem Schutzengel entgegenzubringen, als uns an Gott direkt zu wenden, ist nichts dagegen zu sagen, solange es uns klar ist, dass es Gott ist, der hilft und rettet. Machen wir uns dazu noch in kleineren Gruppen Gedanken! Sprechen wir in der uns noch zur Verfügung stehenden Zeit miteinander über *(die Fragen werden an die Kleingruppen in Kopie ausgeteilt, siehe Kopiervorlage)*:

- Situationen, die meinen Glauben fordern,
- Wege, mit diesen Situationen umzugehen,
- Möglichkeiten, meinen Glauben zu stärken.

Gespräch in der Großgruppe

Möchte jemand etwas aus seiner Gruppe den anderen noch mitgeben? Zum Abschluss beten wir den Psalm 16. Er bringt auf den Punkt, worauf es ankommt: Gott ist derjenige, dem wir immer vertrauen können, der unser Vertrauen nicht enttäuscht. Dies zeigt sich in den vielen Dingen, die er uns getan und mit denen er uns beschenkt hat. Diese Geschenke zu schätzen, bewahrt vor schmerzlichen Irrwegen! Wer beständig auf Gott schaut, ist gut beraten. Sein Leben endet nicht im Finstern, sondern wird vollendet in der Nähe Gottes. Das sagen uns auch die Heiligen, die wir immer wieder anrufen. Beten wir den Psalm abwechselnd. Frau N.N. beginnt mit dem ersten Vers, dann beten alle den zweiten, Frau N.N. wieder den dritten usw.

Psalm 16

Behüte mich, Gott, denn ich vertraue dir.
Ich sage zum Herrn: »Du bist mein Herr;
mein ganzes Glück bist du allein.«

An den Heiligen im Lande, den Herrlichen,
an ihnen nur hab' ich mein Gefallen.

Viele Schmerzen leidet, wer fremden Göttern folgt.
Ich will ihnen nicht opfern, ich nehme ihre Namen
nicht auf meine Lippen.

Du, Herr, gibst mir das Erbe und reichst mir den Becher;
Du hältst mein Los in deinen Händen.

Auf schönem Land fiel mir mein Anteil zu.
Ja, mein Erbe gefällt mir gut.

Ich preise den Herrn, der mich beraten hat.
Auch mahnt mich mein Herz in der Nacht.

Ich habe den Herrn beständig vor Augen.
Er steht mir zur Rechten, ich wanke nicht.

Darum freut sich mein Herz und frohlockt meine Seele;
auch mein Leib wird wohnen in Sicherheit.

Denn du gibst mich nicht der Unterwelt preis;
du lässt deinen Frommen das Grab nicht schauen.

Du zeigst mir den Pfad zum Leben.
Vor deinem Angesicht herrscht Freude in Fülle,
zu deiner Rechten Wonne für alle Zeit.

Abschlusskanon
Jubilate coeli (Taizé 61)

Ausklang
Gemütlicher Kaffeetisch.

Hintergrundinformation: Was bedeuten Glücksbringer und Glückszeichen?
Böller, Kanonenschüsse, Salutschüsse
Geister und Dämonen vertragen keinen Lärm. Durch Krach kann man sie vertreiben.

Hufeisen
Bei den Germanen galt das Pferd als heiliges Tier. Da das Hufeisen mit dem Huf des Pferdes fest verbunden ist, glaubte man, dass die Kräfte des Pferdes darauf übergehen und hängte es an die Türen, um Dämonen und Unglück abzuwehren.

Kaminkehrer
Früher kassierten die Kaminkehrer am Neujahrstag die Gebühren für das Kehren der Kamine. Dabei brachten sie einen schriftlichen Neujahrswunsch mit, der in den Wohnungen angebracht wurde. Daher gelten sie als Glücksbringer. Ein weiterer Zusammenhang besteht mit der Glück bringenden Bedeutung des Herdes, der wiederum als Symbol für Wärme, Menschlichkeit, Zusammenhalt, Geborgenheit zu deuten ist.

Klee
Wegen seines kräftigen Wuchses ist der Klee Sinnbild der Lebenskraft. Vierblättriger Klee wird wegen der Ähnlichkeit mit dem Kreuz als Lebens- und Glückszeichen betrachtet.

Marienkäfer
Auf ihrem Rücken tragen die Marienkäfer sieben Punkte. Sieben ist die Zahl der Fülle. Daher bringen die Marienkäfer Glück.

Pilze
Pilze wachsen nur in ruhigen und friedlichen Zeiten. Getrocknet lassen sie sich sehr lange aufbewahren. Daher sind sie Symbol für den Wunsch nach einem langen und friedlichen Leben.

Salz
Salz ist Konservierungsstoff, Heilmittel und Reinigungsmittel. In Kulthandlungen wird es auch bei symbolischen Reinigungsriten verwendet. Dies führte zum Glauben, Salz wehrt alles Böse und Unreine ab. Wer daher Salz verschüttet, verschüttet sein Glück.

Scherben
Scherben bringen Glück, denn das Klirren von zerbrechendem Geschirr vertreibt böse Geister.

Schwein
Wegen seines zahlreichen Nachwuchses ist das Schwein ein Fruchtbarkeitssymbol und daher ein Glückszeichen (»der hat aber Schwein gehabt!«). Wegen seiner Gefräßigkeit und seines Wühlens im Unrat ist es aber auch Symbol für Maßlosigkeit, Unzucht, Völlerei. Marzipanschwein: Marzipan war im Mittelalter eine kräftigende Krankenkost und daher nur schwer oder in Apotheken erhältlich. Mit einem Marzipanschwein verbindet sich daher der Wunsch nach Glück und Gesundheit.

Würfel
Würfel sind einerseits Symbol des Festen, Unveränderlichen, Soliden, andererseits aber auch Symbol für das Glücksspiel, für einen unsteten, leichtsinnigen Charakter.

nach: H. Bächtold-Stäubli, Handwörterbuch des deutschen Aberglaubens 1927–1942

Kopiervorlagen

Fragen für die Kleingruppen

* Welche Situationen fordern meinen Glauben?
* Wie gehe ich mit diesen Situationen um?
* Was stärkt meinen Glauben?

Herbst

Der Herbst, der bringt Trauben
Ein Nachmittag zum Jahreszeitenlied

Thema

Die Jahreszeiten und damit auch die Jahreszeiten des Lebens sind immer wieder Thema unter den Senioren. Der Herbst führt hin zum Herbst des Lebens, in dem wir uns jetzt befinden. Er ist die Jahreszeit der Ernte, aber auch die der Trauer und des Abschiedes. Er ist vielfältig – wie das Leben im Alter.

Vorbereitung

* Liederbücher und Liedertexte
* Gegenstände für gestaltete Mitte
* Bilder aus Kalendern, Prospekten und Illustrierten mit Herbstmotiven
* Packpapier als Unterlage für eine Collage
* Stifte, Klebstoff, Scheren
* Kopien des Textes von Dom Hélder Câmara für alle

Sitzordnung

* Kreis (gestaltete Mitte: Herbstarrangement – Kastanien, Nüsse, Obst, Herbstlaub)
* Tische für die Herbstbilder und zum Basteln
* Kaffeetafel für den Ausklang

Dauer

60 bis 90 Minuten

Einführung

Der Herbst ist die Jahreszeit der Vielfalt. Wir denken an Farbe, Freude, Vollendung, Fülle. Er ist die Zeit des Reifens, aber auch die Zeit, Rückschau zu halten, Bilanz zu ziehen und sich Gedanken über die Zukunft zu machen. »Herbst« bedeutet aber auch: Verfall der Kräfte, Eintönigkeit, Todesnähe, Trauer. Wir lieben den Herbst wegen seiner bunten und sonnigen Tage und fürchten ihn zugleich wegen seiner Nebel- und Regenperioden. Was bedeutet in diesem Sinne »Herbst meines Lebens?«

Gemeinsames Singen

Wir singen zur Einstimmung das bekannte Jahreszeitenlied: »Es war eine Mutter, die hatte vier Kinder« (siehe Kopiervorlage im Vorschlag »Der Frühling bringt Blumen«), und – wenn jemand welche vorschlägt – noch andere Herbstlieder.

Bildwahl

Die Herbstbilder liegen auf einem Tisch, jeder / jede wählt das aus, was ihn / sie am meisten anspricht. Wenn alle ein Bild gewählt haben, stellen sie es der Gruppe vor.
Genügend Zeit zum Auswählen der Bilder lassen. Es sollte keine Diskussion zu den einzelnen Beiträgen geben, nur Verständnisfragen.

Der Herbst, der bringt Trauben

In kleinen Gruppen blicken wir jetzt zurück: Auf welche Früchte meines Lebens kann ich blicken? Was kann ich jetzt ernten? Was betrachte ich als die Ernte meines Lebens? Was hat im Laufe meines Lebens an Stellenwert gewonnen, was verloren? Was ist mir jetzt wichtig? Während des Gespräches fertigen wir aus den ausgesuchten Bildern eine Collage an, wenn möglich jede Gruppe zu einem anderen Aspekt des Herbstes (Fülle des Herbstes, Herbst des Lebens, Herbst in der Natur, geliebter und ungeliebter Herbst). Diese stellen wir dann im Pfarrzentrum aus.

Großgruppe

Nun kommen wir nochmals im großen Kreis zusammen und besprechen unsere Collagen.

Text

Jetzt, da das Alter kommt, muss ich vom Wein lernen, mit den Jahren besser zu werden – und vor allem der schrecklichen Gefahr zu entgehen, mit dem Alter zu Essig zu werden. Ohne Zweifel bringt das fortschreitende Alter manche Einschränkungen mit sich. Aber glücklich, wer altert wie reifendes Obst, das jetzt erst seinen Geschmack bekommt … Wie alt Sie auch sein mögen, Sie sollten die beiden folgenden Gedanken beherzigen: Entscheidend ist nicht, wie lange man lebt. Entscheidend ist, dass man in seinem Leben den Plan verwirklicht, den Gott für einen vorgesehen hat. Rosen leben, wenn man genau hinsieht, nicht länger als einen Tag. Aber sie haben ein volles Leben, weil sie ihren Auftrag erfüllen, der Welt Anmut und Schönheit zu bringen. Wenn Sie spüren, dass die Jahre dahingehen und die Jugend entschwindet, dann beten Sie darum, Gott möge Ihnen und allen, die auch nicht jünger werden, die Gnade geben, zu altern, wie Wein alt wird – der ja mit den Jahren immer besser wird –, vor allem mit zunehmendem Alter nicht zu versauern, nicht zu Essig zu werden.
Dom Hélder Câmara (1909–1999), Erzbischof von Olinda und Recife

Der Text liegt für alle als Kopie bereit. Wer möchte, kann ihn gerne mit nach Hause nehmen.

Ausklang
Zum geselligen Ausklang gibt es heute herbstliche Köstlichkeiten: Apfeltorte, Zwetschgenkuchen, Weintraubenstrudel.

Mit seinen Flügeln beschirmt er dich (Psalm 91)
Gedanken über Engel und Schutzengel

Thema
Der Glaube an Engel und Schutzengel war lange Zeit nicht sehr populär – gegenwärtig aber sind Engel und Schutzengel hoch aktuell. Wie weit können wir diesen Engel-Boom nachvollziehen? Für die Bibel ist die Existenz von Engeln ganz selbstverständlich, doch bindet sie diese in den Gesamtzusammenhang von Glauben und Leben ein, über dem allein Gott steht. Hier werden sowohl die eigenen Gedanken und Erfahrungen mit Engeln und Schutzengeln thematisiert, als auch an einigen Beispielen deutlich gemacht, wie die biblische Rede von den Engeln zu verstehen ist.

Vorbereitung
*   Bilder mit den verschiedensten Engeldarstellungen
*   Ikone »Besuch der Engel bei Abraham« (Dia oder Postkarte kopiert auf Overhead-Folie)
*   Projektor
*   Tische für die Engel-Bilder
*   Texte für SprecherInnen
*   Ps 91 in Kopie für alle

Besondere Aufgaben
*   SprecherIn für Bibelstellen: Engel in der Bibel
*   SprecherIn für die Bibelstelle bei der Bildbetrachtung

Sitzordnung
*   Halbkreis
*   Kaffeetisch(e)

Dauer
90 Minuten

Einleitung
»Du bist ein Engel«, »der hat einen guten Schutzengel gehabt«, »sie sorgt sich um ihre Nachbarin wie ein Engel«, »wie mit Engelszungen musste ich reden, um ihn von diesem Unsinn abzuhalten«, »die schaut aus wie ein Engel«, »so ein Engel!« »das hat mir ein Engel eingegeben« – ist Ihnen etwas aufgefallen? Ja, ich habe Ihnen alle

Redensarten über Engel gesagt, die mir eben eingefallen sind. Kennen Sie noch weitere? Dann ergänzen Sie doch!

Diese Redewendungen besagen, dass wir alle Vorstellungen von Engeln haben oder sogar Erfahrungen mit ihnen. Interessant ist nun, einmal darüber zu sprechen und zu überlegen, was davon auf der Bibel beruht und deshalb eine Aussage ist, auf die wir bauen können, und was nicht. Damit uns das leichter fällt, liegen auf diesen Tischen hier verschiedene Bilder von Engeln. Ich schlage vor, dass sich jeder eines davon aussucht, das ihn an eine Situation oder ein Erlebnis erinnert, als für ihn ein Engel am Werk gewesen ist. Wenn alle ihr Bild gefunden haben, setzen wir uns wieder im Kreis zusammen und sprechen mit unseren Nachbarn darüber.

Gesamtgruppe

Was sollen wir nun von den Engeln halten? Lange Zeit waren sie kein Thema. Wer an Engel glaubte, wurde eher belächelt. Heute erleben wir das Gegenteil: Engel boomen! Die Literatur über Engel wächst und wächst, Engelfiguren gibt es in einer unüberschaubaren Menge, es gibt Schutzengel als Schlüsselanhänger und Schutzengelschokolade. Wir fragen uns zu Recht, wo hier die Grenze zwischen Sinn und Unsinn, zwischen Glauben und Esoterik, zwischen Orientierung an der Bibel und Phantasie verläuft. Was erfahren wir aus der Bibel über Engel? Was können Sie dazu sagen? *(Beiträge aus der Gruppe sammeln.)*

Danke! Ich habe auch einige Bibelstellen vorbereitet, die über Engel handeln – bei weitem nicht alle, aber es sind einige wichtige. Frau N.N. und Frau N.N. lesen sie uns vor.

Engel in der Bibel

Engel sind Gottes Hofstaat

Ich sah den Herrn … Serafim standen über ihm. Jeder hatte sechs Flügel: Mit zwei Flügeln bedeckten sie ihr Gesicht, mit zwei bedeckten sie ihre Füße und mit zwei flogen sie. Sie riefen einander zu: Heilig, heilig, heilig ist der Herr der Heere. Von seiner Herrlichkeit ist die ganze Erde erfüllt. Die Türschwellen bebten bei ihrem Ruf, und der Tempel füllte sich mit Rauch. (Jesaja 6,1 ff.)

Wenn der Menschensohn in seiner Herrlichkeit kommt und alle Engel mit ihm, dann wird er sich auf den Thron seiner Herrlichkeit setzen. Und alle Völker werden vor ihm zusammengerufen werden … (Matthäus 25,31)

Glaubst du nicht, mein Vater würde mir sogleich mehr als zwölf Legionen Engel schicken, wenn ich ihn darum bitte? (Matthäus 26,53)

Herbst

Engel sind Begleiter und Helfer der Menschen
Ich werde einen Engel schicken, der dir vorausgeht. Er soll dich auf dem Weg schützen und dich an den Ort bringen, den ich bestimmt habe. Achte auf ihn, und hör auf seine Stimme … Wenn du auf seine Stimme hörst und alles tust, was ich sage … werde ich alle in die Enge treiben, die dich bedrängen.
(Exodus 23, 20 ff.)

Als Tobias alles für die Reise vorbereitet hatte, sagte sein Vater zu ihm: Mach dich mit dem Mann auf den Weg! Gott, der im Himmel wohnt, wird euch auf eurer Reise behüten; sein Engel möge euch begleiten. (Tobit 5, 17)

Petrus kam zu sich und sagte: Nun weiß ich wahrhaftig, dass der Herr seinen Engel gesandt und mich der Hand des Herodes entrissen hat …
(Apostelgeschichte 12, 11)

Engel überbringen eine göttliche Botschaft
Da erschien dem Zacharias ein Engel des Herrn … Als Zacharias ihn sah, erschrak er, und es befiel ihn Furcht. Der Engel aber sagte zu ihm: Fürchte dich nicht, Zacharias! Dein Gebet ist erhört worden … (Lukas 1, 13)

Im sechsten Monat wurde der Engel Gabriel von Gott in eine Stadt in Galiläa namens Nazaret zu einer Jungfrau gesandt … Der Engel trat bei ihr ein und sagte: Sei gegrüßt, du Begnadete, der Herr ist mit dir … Fürchte dich nicht, Maria, denn du hast bei Gott Gnade gefunden … (Lukas 1, 26 ff.)

Der Engel des Herrn sagte zu den Hirten: Fürchtet euch nicht, denn ich verkünde euch eine große Freude … Und plötzlich war bei dem Engel ein großes himmlisches Heer, das lobte Gott und sprach: Verherrlicht ist Gott in der Höhe …
(Lukas 2, 9 ff.)

Engel leiten Menschen dazu an, sich mit Gottes Plänen auseinanderzusetzen
Während Josef noch nachdachte, erschien ihm ein Engel und sagte: Josef, Sohn Davids, fürchte dich nicht, Maria als deine Frau zu dir zu nehmen … Als Josef erwachte, tat er, was der Engel des Herrn ihm befohlen hatte. (Matthäus 1, 20 ff.)

Engel helfen, Gottes Taten zu verstehen
Der Engel sagte zu den Frauen: Fürchtet euch nicht! Ich weiß, ihr sucht Jesus, den Gekreuzigten. Er ist nicht hier, denn er ist auferstanden, wie er gesagt hat.
(Matthäus 28, 5 f.)

Während sie unverwandt ihm nach zum Himmel emporschauten, standen plötzlich zwei Männer in weißen Gewändern bei ihnen und sagten: Ihr Männer von Galiläa …! Dieser Jesus, der von euch ging und in den Himmel aufgenommen wurde, wird ebenso wiederkommen … (Apostelgeschichte 1, 10f.)

Der Schutzengel
Ich möchte noch ein paar Sätze zum Schutzengel anfügen. Alles, was die Bibel von Schutzengeln aussagt, sagt sie auch von Gott aus. Wenn im Alten Testament also vom »Engel Gottes« gesprochen wird, ist nicht immer klar, ob es sich dabei um einen Engel handelt oder um eine ehrfurchtsvolle Umschreibung für Gott selbst. Besonders deutlich ist das im Ps 91, der neben dem Buch Tobit der bekannteste Schutzengeltext der Bibel ist. Im Gegensatz zu manch oberflächlicher Meinung sieht die Bibel Schutzengel nicht als Garanten gegen Unglück und Katastrophen. Für sie ist die Schutzengelerfahrung etwas sehr Persönliches, das wesentlich zusammenhängt mit dem Glauben des Einzelnen und mit seiner Treue zu Gott – die sich an seiner Lebensgestaltung erweist. Wer sein Leben im Vertrauen und in der Treue zu Gott führt, braucht sich vor Unheil nicht zu fürchten. Dies ist für die Bibel wichtig – manche andere Fragen, die wir über Schutzengel gerne wissen möchten, sind für sie kein Thema. Ich möchte Ihnen aber noch einmal nahe bringen, wie sehr die Engelerfahrung mit einer Gotteserfahrung zusammenhängt. Dazu eine Bildbetrachtung.

Bildbetrachtung
Wir sehen eine Ikone vom Besuch der drei Männer bei Abraham. Sie kennen die Geschichte. Frau N.N. liest sie uns vor.

Der Herr erschien Abraham bei den Eichen von Mamre. Abraham saß zur Zeit der Mittagshitze am Zelteingang. Er blickte auf und sah vor sich drei Männer stehen. Als er sie sah, lief er ihnen vom Zelteingang aus entgegen, warf sich zur Erde nieder und sagte: Mein Herr, wenn ich dein Wohlgefallen gefunden habe, geh doch an deinem Knecht nicht vorbei! Man wird etwas Wasser holen; dann könnt ihr euch die Füße waschen und unter dem Baum ausruhen. Ich will einen Bissen Brot holen, und ihr könnt dann nach einer kleinen Stärkung weitergehen; denn deshalb seid ihr doch bei eurem Knecht vorbeigekommen.
Gen 18, 1–5

Lassen wir jetzt einmal alles beiseite, was wir über diese Bibelstelle und vielleicht auch über diese Ikonendarstellung wissen. Schauen wir auf das Bild und konzentrieren wir uns nur auf den Text, den wir eben gehört haben. Abraham sitzt in der

Mittagszeit irgendeines ganz gewöhnlichen Tages im Schatten seines Zeltes. Kein Mensch ist im Orient zu dieser Tageszeit unterwegs, doch zu Abraham kommen drei Männer. Er begrüßt sie mit orientalischer Höflichkeit und lädt sie zu einer Rast und zum Essen ein. Auf der Ikone sehen wir im Hintergrund die Eiche von Mamre und eine Architektur, die das Zelt des Abraham andeutet. Die drei Männer sind der Einladung des Abraham gefolgt, haben an einem Tisch Platz genommen und sind mit Abraham, der sie zusammen mit Sara bediente, im Gespräch. Abraham und Sara haben sicher keinen Besuch erwartet, als die drei Männer kamen, und schon gar nicht mit Engeln gerechnet. Später stellt sich heraus, dass sich durch diese Engel Gott zu erfahren gibt! Oft merken wir erst im Rückblick, dass durch eine Begegnung, durch ein Ereignis oder durch ein Gespräch Gott am Werk gewesen ist. Gott stehen viele Möglichkeiten offen, um den Menschen eine Botschaft zu vermitteln – mehr als wir uns vorstellen. Eine davon ist, durch ganz alltägliche Dinge auf sie zuzugehen. Die Sensibilität dafür, dass Gott im Alltag und durch die alltäglichen Dinge zu uns spricht, ist uns weitgehend verloren gegangen. Abraham und Sara haben sie sich bewahrt. Der Brief an die Hebräer spricht das an: »Vergesst die Gastfreundschaft nicht; denn durch sie haben einige, ohne es zu ahnen, Engel beherbergt.« (Hebr 13, 2) Gott begegnet mir durch die einfachen Dinge des Alltags. Wie geht es mir mit diesem Gedanken? Denken wir einige Augenblicke darüber nach!

Psalm 91

Der Psalm 91 spricht von einer innigen Schutzengelerfahrung, die gleichzeitig eine Gotteserfahrung ist. Wir beten ihn zum Abschluss *(Siehe Kopiervorlagen)*.

Ausklang

Wie immer lassen wir den Nachmittag ausklingen bei Kaffee und Kuchen.

Kopiervorlagen

Wer im Schutz des Höchsten wohnt
und ruht im Schatten des Allmächtigen, der sagt zum Herrn:
»Du bist für mich Zuflucht und Burg, mein Gott, dem ich vertraue.«
Er rettet dich aus der Schlinge des Jägers und aus allem Verderben.
Er beschirmt dich mit seinen Flügeln, unter seinen Schwingen findest du Zuflucht,
Schild und Schutz ist dir seine Treue.
Du brauchst dich vor dem Schrecken der Nacht nicht zu fürchten,
noch vor dem Pfeil, der am Tag dahinfliegt,
nicht vor der Pest, die im Finstern schleicht,
vor der Seuche, die wütet am Mittag.
Fallen auch tausend zu deiner Seite, dir zur Rechten zehnmal tausend,
so wird es doch dich nicht treffen.
Ja, du wirst es sehen mit eigenen Augen,
wirst zuschauen, wie den Frevlern vergolten wird.
Denn der Herr ist deine Zuflucht,
du hast dir den Höchsten als Schutz erwählt.
Dir begegnet kein Unheil, kein Unglück naht deinem Zelt.
Denn er befiehlt seinen Engeln, dich zu behüten auf all deinen Wegen.
Sie tragen dich auf ihren Händen, damit dein Fuß nicht an einen Stein stößt;
du schreitest über Löwen und Nattern, trittst auf Löwen und Drachen.
»Weil er an mir hängt, will ich ihn retten;
ich will ihn schützen, denn er kennt meinen Namen.
Wenn er mich anruft, dann will ich ihn erhören. Ich bin bei ihm in der Not,
befreie ihn und bringe ihn zu Ehren.
Ich sättige ihn mit langem Leben und lasse ihn schauen mein Heil.«
Psalm 91

Ikone: Der Besuch der drei Männer bei Abraham und Sara

Dreifaltigkeit, Russland, 1. Hälfte 19. Jh., Privatsammlung,
© Beuroner Kunstverlag, 88631 Beuron

Meine Bibel – unsere Bibel
Die Bibel im Alltag

Thema

Obwohl in den Bücherregalen der Senioren und Seniorinnen sicher eine Bibel steht, haben sie oft wenig eigene Erfahrung mit dem »Buch der Bücher«. Andererseits sind viele Verse der Bibel zu geflügelten Worten und Sprichwörtern geworden, die gerade ältere Menschen kennen und verwenden. Darüber hinaus hat wohl jeder und jede eine Bibelstelle, die ihn / sie schon lange begleitet. Das Thema Bibel ist umfangreich. Hier liegt der Akzent zunächst auf dem Nachdenken über die Rolle der Bibel für mein Leben und meinen Alltag. Dabei wird auch die Vielfalt der Bibelausgaben angeschnitten. Im Weiteren soll zu einer Zusammenarbeit mit anderen pfarrlichen Gruppen und Einrichtungen ermuntert werden. Die Bibel bietet sich hierzu an.

Vorbereitung

* Unterschiedliche Bibelausgaben (vorher darum bitten, Schulbibeln, Kinderbibeln, Sammlungen biblischer Geschichten, Familienbibeln usw. mitzubringen. Damit rechnen, dass viele gleiche Ausgaben mitgebracht werden und für weitere Bibelausgaben sorgen!)
* Kopien mit Fragen zum Bibelgespräch (Kopiervorlagen)
* Notizzettel
* Stifte
* Weißes Packpapier oder Flip-Chart-Papier
* Klebestift
* Bibelkuchen (Rezept siehe unten)
* Tisch für die Bibeln

Besondere Aufgaben

* Unterstützung durch BibelkreisleiterInnen, TheologInnen, Pfarrbücherei

Sitzordnung

* Halbkreis, an der offenen Seite der Tisch für die Bibeln

Dauer

60 bis 90 Minuten

Einführung

Ich begrüße alle zu unserem Seniorennachmittag. Das Thema heute ist Ihnen ja bekannt. Schon vor einigen Tagen haben wir gebeten, einmal in den Bücherschränken und auf den Bücherregalen nach einer Bibel zu schauen und diese heute mitzubringen. Ich bin schon ganz gespannt darauf, welche Schätze Sie dabei ausgegraben haben! Beginnen wir folgendermaßen: Alle, die eine Bibelausgabe mitgebracht haben, stellen diese uns vor. Uns interessiert, seit wann Sie sie haben, warum Sie Ihnen bedeutsam ist, wann Sie sie verwenden, was Ihnen daran gefällt usw. Hier auf dem Tisch liegen bereits einige Bibelausgaben. Ich bitte Sie, wenn Sie Ihre Bibel vorgestellt haben, diese dazu zu legen. Wir schauen uns alle Bibelausgaben noch näher an. Wer beginnt und erzählt uns etwas über seine Bibel? Woher stammt sie? Hängen daran Erinnerungen? Wann wird sie verwendet?
(TeilnehmerInnen stellen ihre mitgebrachten Bibeln vor.)
Ja, das ist eine ganz bunte Mischung an Bibelausgaben, die hier liegt! Wer hätte das gedacht! Ist nicht Bibel gleich Bibel? Doch da gibt es vollständige Ausgaben, es gibt Ausgaben nur des Alten oder Neuen Testaments, wir alle kennen Kinderbibeln, Schulbibeln, schön gestaltete Bibelausgaben oder andere, die nur den Text enthalten, natürlich auch die Bibel in hebräischer, griechischer oder lateinischer Sprache … Es bleibt danach sicher noch Zeit, dass sich jeder diese Bibelausgaben genauer anschauen kann.

Gruppengespräch: Mein Bibelwort

Jetzt möchte ich Sie zu einer einfachen Bibelarbeit einladen. Hier sind Zettel und Stifte für jeden. Denken Sie einmal darüber nach, welche Bibelstelle Sie gerne haben. Es kann ein einzelner Vers sein, eine ganze Geschichte, ein Gleichnis – was auch immer – und schreiben Sie es auf den Zettel. Bei längeren Texten genügt natürlich die Überschrift, z.B. Gleichnis vom Sämann. Dann setzen Sie sich in kleinen Gruppen zusammen und tauschen sich über Ihre Bibelstellen aus. Auf dem Zettel finden Sie Anhaltspunkte für das Gespräch *(siehe Kopiervorlagen)*.

Mein Bibelwort – unser Bibelwort (Kleingruppe oder Gesamtgruppe)

Jetzt setzen wir diese Arbeit mit unseren Bibelworten noch etwas fort: Schreiben Sie Ihren Bibelvers auf einen Zettel; bei längeren Texten suchen Sie bitte den Vers aus, der Sie besonders anspricht. Dann stellen wir aus den Zitaten ein Gebet oder einen meditativen Text zusammen und schreiben diesen auf ein großes Plakat.

Abschluss

Zum Abschluss lesen wir den oder die entstanden Texte einander vor und meditieren sie, wenn möglich, als Echogebet. Bei dieser Form des Gebetes wird der Text zunächst vorgelesen, dann wiederholt jeder, der möchte, den Vers oder das Wort, das ihn besonders anspricht. Wir schließen das Gebet ab mit dem gemeinsamen »Ehre sei dem Vater«.

Alternative

Wir schließen unsere Gedanken ab mit einem Text des bekannten Buchautors und Pfarrers Jörg Zink.

Es gibt Menschen, die die Bibel nicht brauchen. Ich gehöre nicht zu ihnen. Ich habe die Bibel nötig. Ich brauche sie, um zu verstehen, woher ich komme. Ich brauche sie, um in dieser Welt einen festen Boden unter den Füßen und einen Halt zu haben. Ich brauche sie, um zu wissen, dass einer über mir ist und mir etwas zu sagen hat. Ich brauche sie, weil ich gemerkt habe, dass wir Menschen in den entscheidenden Augenblicken füreinander keinen Trost haben und dass auch mein eigenes Herz nur dort Trost findet. Ich brauche sie, um zu wissen, wohin die Reise mit mir gehen soll.
Jörg Zink

Ausklang
Kaffee und Bibelkuchen.

Weiterarbeit
Bibelcorner in der Pfarrbücherei

Vorbereitung
* Bibeln
* Bibelstellen zum Pflücken
* Bibelkuchen
* Bibelsuppe
* Werbeplakat(e)
* Werbezettel
* Einladung / Werbung in den Pfarrmedien

In Zusammenarbeit mit dem Büchereiteam aus den vorhandenen Bibeln, Bibelausgaben, Bildbänden eine Bibelcorner gestalten und zu einem Bibelsonntag (einer Bibelwoche) einladen. Zur Bibelcorner gehören auch Bibelstellen zum Pflücken, Bibelleseplänen, biblische Kochrezepte, CD mit Bibelmusik usw. Israel-Reisende stellen vielleicht Erinnerungsstücke aus dem Land der Bibel zur Verfügung. Das Plakat mit dem in der Gruppe erarbeiteten Meditationstext ist angebracht oder liegt zum Mitnehmen auf. SeniorInnen und Büchereiteam gestalten ein Bibelprogramm und stehen zum Gespräch zur Verfügung. Nicht vergessen: ein Gästebuch, in das die BesucherInnen ihre Eindrücke schreiben können.

Anknüpfungspunkte für Gespräche
–   Diese Bibeln liegen bei uns zu Hause und bedeuten uns …
–   Wann nehme ich eine Bibel zur Hand und welche?
–   Was gefällt an den einzelnen Ausgaben, was nicht?
–   Wie stehen Sie zur Bibel?
–   Dieser Text wurde von uns aus Bibelversen zusammengestellt, die uns wichtig sind. Wir laden alle ein, ihren Lieblingsvers dazuzuschreiben (*Zettel, Stifte, Pinnwand vorbereiten*).

Die Besucher zu Bibelkuchen oder Bibelsuppe einladen!

Bibelrezepte
Zur Verfügung gestellt von: Bibel-Zentrum, Österreichische Bibelgesellschaft, 1070 Wien, Breite Gasse 4–8, www.bibelgesellschaft.at.

Abigails Rosinenkranz
Zutaten: 500 g 1 Sam 30,12a; 2 cl Rum; 1 kg 1 Kön 5,2; 80 g Hefe; 300 ml 1 Kor 3,2; 200 g Zucker; 2 TL Lev 2,13; abgeriebene Schale von einer unbehandelten Zitrone; 300 g Dtn 32,14a, 50 g Zitronat; 150 g Num 17,23b (gemahlen); 1 Vanillezucker.
Zubereitung: Aus allen Zutaten einen Teig bereiten und zwei Stunden ruhen lassen. Den Teig in drei gleichgroße Stücke teilen und daraus einen Zopf flechten. Diesen kreisförmig auf ein mit Backpapier ausgelegtes Backblech legen, weitere 30 Min. rasten lassen und anschließend im vorgeheizten Rohr 60 Min. im Elektroherd bei 200° (im Gasherd Stufe 4) backen. Den fertig gebackenen Kranz mit zerlassener Butter bestreichen, mit Kristallzucker bestreuen, nochmals mit Butter bestreichen und mit Puderzucker bestreuen. Vor dem Anschneiden an einem kühlen Ort zugedeckt 4–6 Tage ruhen lassen.

Aufstrich aus Ziegenkäse
Zutaten: 50 g Ziegenkäse, 300 g Joghurt, 2 EL Olivenöl, Salz, verschiedene Kräuter nach Belieben (Petersilie, Dill, Korianderblätter, gehackte Oliven, gehackte Pistazien, gehackte Kürbiskerne), verschiedene Körner (Senfsamen, Mohn, schwarzer Kümmel).
Zubereitung: Den Ziegenkäse mit dem Joghurt verrühren und mit Salz abschmecken. Den

Aufstrich nach Belieben mit den Kräutern, Oliven, Nüssen usw. veredeln. Am Schluss mit Olivenöl beträufeln. Dazu passt Fladenbrot.

Esaus Linsengericht

Zutaten: 1 Zwiebel, klein geschnitten; 1 zerdrückte Zehe Knoblauch; 2 Stängel Sellerie mit Blättern, klein geschnitten; 1 EL Olivenöl; TL Kümmel; TL Koriander; TL Thymian, 1 Lorbeerblatt; 1 Bd. Gehackte Petersilie; 125 g weiße getrocknete Bohnen, 50 g getrocknete Kichererbsen, 50 g getrocknete Linsen; 1,8 l Wasser; 50 g Graupen; Salz und Pfeffer.

Zubereitung: Die getrockneten Hülsenfrüchte 24 Std. einweichen. Zwiebel, Knoblauch und Sellerie in Olivenöl in einem großen Suppentopf anbraten, Kräuter und Gewürze – außer Salz und Pfeffer – zufügen und 5 Min. weiter braten. Hülsenfrüchte und Wasser zufügen und weich kochen (ca. 1 Std.) Mit Petersilie garnieren, salzen und pfeffern. Die Suppe kann heiß oder kalt gegessen werden. Sie hält sich gut und eignet sich auch zum Einfrieren.

Kopiervorlagen

Arbeitsblatt zum Bibelgespräch

Meine Bibelstelle ist:

- Wie bin ich auf dieses Bibelwort gestoßen?
- Welche Rolle spielt es in meinem Alltag?
- Was sagte es mir früher, was sagt es mir heute?

Ich lebe mein Leben in wachsenden Ringen
Gedanken über Vergangenheit und Zukunft

Thema
Mit dem Älterwerden stellt sich die Frage nach dem roten Faden im Leben: nach Wegen, Zusammenhängen und Sinn, aber auch nach noch realisierbaren Wünschen und Vorhaben. Von Zeit zu Zeit einen Blick darauf zu werfen, trägt dazu bei, die eigenen Entwicklungen zu sehen und einzuordnen, verhilft zur Standortbestimmung und erleichtert, Vorhaben mit realistischen Augen zu sehen.

Vorbereitung
*   Für jeden die Zeichnung einer Baumscheibe (Kopiervorlagen)
*   Gedicht: Ich lebe mein Leben in wachsenden Ringen, mit Anleitung zum »Teilen« (Kopiervorlagen)
*   Farbstifte
*   Schreibpapier
*   Eine große oder mehrere kleine Baumscheiben

Sitzordnung
*   Kreis (gestaltete Mitte: Baumscheiben)
*   Tische und Sitzgelegenheiten für Einzelarbeit
*   Tischgruppen

Dauer
60 bis 90 Minuten

Einführung
Charakteristisch für einen Baumstamm sind die Jahresringe. Jedes Jahr bildet sich ein neuer Ring. Er umschließt die Ringe, die sich vor ihm gebildet haben. Das Innere des Baumstammes wird zum Holz, das der empfindlicheren Rinde Halt gibt, bis sie selbst zum Jahresring geworden ist. Baumscheiben geben uns Informationen über die Lebensjahre des Baumes, über Ereignisse, die sein Wachsen und Werden beeinflusst haben. Wie ein Baum wächst auch unser Leben; viele Faktoren beeinflussen sein Wachsen und Werden. Wenn wir so auf unser Leben schauen, fragen wir nach einem Zusammenhang, nach dem roten Faden, der sich durch unser Leben zieht. Versuchen wir heute einmal, diesem roten Faden nachzuspüren! Er kann dazu motivieren, Begonnenes weiterzuführen, Bewährtes zu behalten und

Neues zu versuchen – aber auch Gewordenes zu akzeptieren, ja zu schätzen, und sich für die Zukunft offen zu halten.

Gestalten der persönlichen »Baumscheibe«

Sie erhalten nun ein Arbeitsblatt mit dem Umriss einer Baumscheibe *(siehe Kopiervorlage)*. In diesen Umriss tragen Sie nun wie Jahresringe Ihre Lebensphasen ein. Durch verschiedene Farben können Sie sie kennzeichnen oder bewerten: schöne, schwere, glückliche, leidvolle, sowie Situationen und Erlebnisse, die wichtig für das weitere Leben geworden sind.

- Was habe ich mir für meine verschiedenen Lebensphasen gewünscht und was ist eingetreten?
- Was gab (gibt) mir Halt, Kraft, Energie?
- Welche Konsequenzen ergaben (ergeben) sich daraus für mein weiteres Leben?

Zwischenergebnis

Wenn jeder seine Baumscheibe fertig hat, setzen wir uns nochmals in der großen Runde zusammen. Sie alle, oder zumindest einige von Ihnen, kennen das Gedicht: »Ich lebe mein Leben in wachsenden Ringen« von Rainer Maria Rilke. Ist jemand so nett, und liest es uns vor?

Gedicht

(Siehe Kopiervorlage)

Mit Hilfe dieses Gedichtes führen wir nun die Arbeit an unserer Baumscheibe weiter. Dazu eignet sich eine Methode, die wir vom »Bibel-teilen« kennen. Sie setzen sich in Gruppen zu drei Personen zusammen und betrachten das Gedicht. Den Text und die Anleitungen dazu erhalten Sie auf einem Arbeitsblatt *(siehe Kopiervorlage)*.

Schlussrunde

Runden wir unseren Nachmittag noch ab! Setzen wir uns nochmals in der großen Runde zusammen. Alle, die etwas sagen möchten, sagen in kurzen Sätzen, wozu sie das Gedicht oder auch das Gespräch angeregt hat und ermutigt.

Abschluss

Ich glaube, folgender Text ist noch ein schöner Abschluss unseres Nachmittages:

Herr, hilf uns, erwachsen, älter und schließlich alt zu werden,
Erfahrungen zu sammeln, in Frieden zu reifen
und in Liebe Frucht zu bringen.

Lass uns wachsen, wie ein Baum wächst,
dessen Wurzeln in der Erde sind,
der seine Krone zum Himmel streckt, seine Früchte gibt,
Schatten gewährt, wenn er groß und alt geworden.

Damit unsere Kinder sagen können:
Es muss schön sein zu wachsen und zu reifen,
den Wind zu spüren, dem Sturm zu trotzen, zu blühen,
und dann anderen Früchte des Lebens zu reichen,
Zuflucht zu sein, alt zu werden zwischen Himmel und Erde.
Paul Roth

Ausklang
Wie immer setzen wir uns zu Kaffee und Kuchen zusammen.

Kopiervorlagen

Gedichtbetrachtung
Ich lebe mein Leben in wachsenden Ringen,
die sich über die Dinge ziehn.
Ich werde den letzten vielleicht nicht vollbringen,
aber versuchen will ich ihn.

Ich kreise um Gott, um den uralten Turm,
und ich kreise jahrtausendelang;
und ich weiß noch nicht: bin ich ein Falke, ein Sturm
oder ein großer Gesang.
Rainer Maria Rilke

Wir lesen den Text
Jemand liest das Gedicht vor.

Wir verweilen beim Text
Jeder kann einen Satz oder ein Wort, das ihn besonders berührt, laut wiederholen. Dabei spielt es keine Rolle, wenn ein Wort mehrmals genannt wird. Am Ende dieses Schrittes wird der ganze Text nochmals vorgelesen.

Wir schweigen
Wir lassen den Text nochmals auf uns wirken.

Wir teilen mit, was uns berührt
Warum haben mich diese Worte / Sätze berührt? Welche Erfahrungen, Bilder, Erlebnisse verbinde ich mit ihnen?

Wir handeln
Was ergibt sich für mich aus dem Text? Zu welchen Schritten ermutigt er mich? Die Schritte schreibt jeder für sich auf!

Arbeitsblatt: Baumscheibe mit Impulsfragen

*   Was habe ich mir für die verschiedenen Lebensphasen gewünscht und was ist eingetreten?
*   Was gab (gibt) mir Halt, Kraft, Energie?
*   Was folgt für mich jetzt daraus?

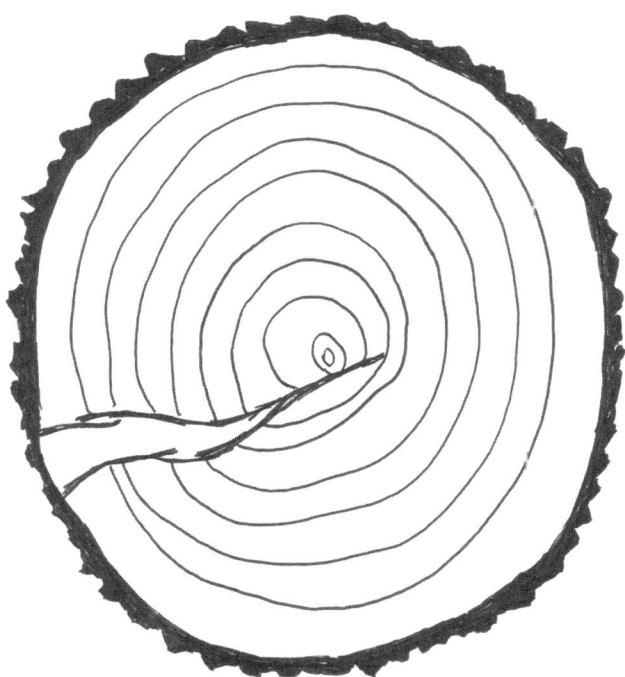

Denken und handeln wie Jesus
Caritas in unserer Pfarrei

Thema
Das Thema Caritas kommt im Pfarrleben zwar während des ganzen Jahres immer wieder (Caritassonntag, Caritassammlungen) vor, wird jedoch im Spätherbst zu einem Schwerpunkt des Kirchenkalenders. In dieser Zeit haben nicht nur mehrere Heilige der Caritas wie Maria Restituta Kafka (29. Okt.), Martin von Tours (11. Nov.), Martin Porres (3. Nov.), Markgraf Leopold III. von Österreich (15. Nov.), Elisabeth von Thüringen (19. Nov.) und Nikolaus von Myra (6. Dez.) ihre Gedenktage, sondern auch die Evangelien der Sonntage bis zum Christkönigsfest widmen sich der Frage, was christliches Leben ausmacht – Themen auch für den Seniorenkreis.

Vorbereitung
*   Zettel
*   Pinnwand oder Flip-Chart
*   Stifte
*   Präsentation der Caritasarbeit der Gemeinde
*   Liedtext (Kopiervorlage)

Besondere Aufgaben
*   LeiterIn der Pfarrcaritas oder einer Caritaseinrichtung
*   HelferInnen zum Notieren der Zurufe
*   SprecherIn zum Vorlesen des Evangeliums

Sitzordnung
*   Kreis oder Stuhlreihen
*   Kaffeetische

Dauer
60 bis 90 Minuten

Einführung
Caritas ist ein lateinisches Wort und bedeutet »Liebe«. Es begegnet uns in vielen Worten: Caritasverband, Caritasmitarbeiter, Pfarrcaritas usw. Darüber hinaus ist es zu einem sehr weiten Begriff für viele Arten von Hilfeleistungen geworden. Ich schlage vor, wir sammeln einmal alles, was uns dazu einfällt. N.N. schreibt die

Begriffe, die Sie nennen, auf Zettel und heftet diese an die Pinnwand. (*Begriffe werden gesammelt und angepinnt.*)

So, jetzt schauen wir uns genauer an, was auf der Tafel steht, und versuchen, etwas Ordnung in die vielen Begriffe zu bringen! Es geht um Hilfen in Notlagen, um die Einstellung zum Mitmenschen, um Sozialarbeit, um Heime, beschützende Werkstätten, Sozialstationen, Beratungsstellen, um die Caritaskreise der Pfarreien. Caritas geschieht durch berufliche oder ehrenamtliche Mitarbeiterinnen und Mitarbeiter. Immer aber geht es darum, Menschen zu zeigen, dass sie nicht alleine sind, dass sich jemand für sie interessiert, sich jemand um sie kümmert. Damit das Ganze nicht so theoretisch bleibt, haben wir heute N.N. unter uns. Sie / er ist die Leiterin / der Leiter unserer Pfarrcaritas und wird uns jetzt ihre / seine Arbeit und die des Caritaskreises vorstellen.

Information durch die Leiterin / den Leiter der Pfarrcaritas und Gespräch

Den Bericht als Diavortrag oder Powerpoint gestalten; Fotos aus dem Caritasalltag zeigen; Informationsmaterial austeilen; zu einer Besichtigung des Caritasbüros einladen.

Zum Abschluss möchte ich nochmals einen Gedanken ansprechen, der bereits am Anfang angedeutet wurde. Wenn wir »Caritas« hören, denken wir meistens an Institutionen wie Heime oder Beratungsstellen oder an die Caritassammlung. Denken wir aber auch daran, dass mit Caritas eine Einstellung gemeint ist? Die Einstellung nämlich, mit der alle Hilfe geschieht? Und dass dies die Einstellung zum Menschen ist, die auch Jesus hatte? Wer Caritas ernst nimmt, geht auf die Menschen zu. Er schaut nicht zu, wenn es einem anderen schlecht geht. Er lässt die nicht hängen, die aus einer verfahrenen Situation herausfinden möchten und es mit eigener Kraft nicht können. Er anerkennt die guten Seiten eines Menschen, auch wenn er diesen unsympathisch findet. Hören wir dazu einen bekannten Text aus dem Evangelium. Frau N.N., lesen Sie ihn uns bitte vor!

Evangelium

Vom Weltgericht

Wenn der Menschensohn in seiner Herrlichkeit kommt und alle Engel mit ihm, dann wird er sich auf den Thron seiner Herrlichkeit setzen. Und alle Völker werden vor ihm zusammengerufen werden, und er wird sie voneinander scheiden, wie der Hirt die Schafe von den Böcken scheidet. Er wird die Schafe zu seiner Rechten versammeln, die Böcke aber zur Linken. Dann wird der König denen auf der rechten Seite sagen: Kommt her, die ihr von meinem Vater gesegnet seid, nehmt das Reich in Besitz, das seit der Erschaffung der Welt für euch bestimmt ist. Denn ich war hungrig, und ihr habt mir zu essen gegeben; ich war durstig, und ihr habt mir

zu trinken gegeben; ich war fremd und obdachlos, und ihr habt mich aufgenommen; ich war nackt, und ihr habt mir Kleidung gegeben; ich war krank, und ihr habt mich besucht; ich war im Gefängnis, und ihr seid zu mir gekommen. Dann werden ihm die Gerechten antworten: Herr, wann haben wir dich hungrig gesehen und dir zu essen gegeben, oder durstig und dir zu trinken gegeben? Und wann haben wir dich fremd und obdachlos gesehen und aufgenommen, oder nackt und dir Kleidung gegeben? Und wann haben wir dich krank und im Gefängnis gesehen und sind zu dir gekommen? Darauf wird der König ihnen antworten: Amen, ich sage euch: Was ihr für einen meiner geringsten Brüder getan habt, das habt ihr mir getan.
Mt 25, 31–40

Gedanken zum Evangelium
Jesus erzählt hier eine Geschichte, um zu verdeutlichen, was für ihn zu einer rechten Lebenseinstellung gehört. Wer nun glaubt, es handle sich dabei um spektakuläre Dinge, erlebt eine Überraschung. Jesus sagt, christliches Leben erweist sich in der Liebe. Die Beispiele, die er dazu anführt, sind ganz alltäglich und denkbar einfach: Hungrigen zu essen und Durstigen zu trinken zu geben, Kranke zu besuchen, sich um Arme, Fremde, Obdachlose, Gefangene zu kümmern. Im Alltag zeigt sich – damals wie heute – die Einstellung zum Mitmenschen. Sicher ist der Alltag von damals nur bedingt mit dem Alltag von heute vergleichbar. Die Beispiele Jesu sind aber immer aktuell; nichts hindert uns, sie auf unsere Zeit und Situation hin zu verstehen und anzuwenden und andere dazuzufügen. Ihr Sinn ist immer derselbe. Jesus verlangt nichts Unmögliches. Er verlangt, dass wir vor Menschen in Not nicht wegschauen, sondern dass wir tun, was wir für sie tun können. Dann zeigt sich: Wem der Mitmensch nicht gleichgültig ist, dem begegnet Gott! Denken wir kurz darüber nach, still und jeder für sich.

Abschluss
Lassen wir den heutigen Nachmittag ausklingen mit einem Lied, das nochmals vertieft, was wir heute überlegt haben.

Lied
So jemand spricht, ich liebe Gott (siehe Kopiervorlage)

Segen
Wir wollen den Segen sprechen für alle, die sich bemühen zu denken und zu handeln wie Jesus:

Unser Herr Jesus Christus hat durch sein Leben und Wirken Segen in die Welt gebracht. Er sei bei allen, die sich bemühen, so zu denken und zu handeln wie er. Sein Segen begleite auch uns und komme auf alle, die sich an uns wenden – heute und alle Tage und in alle Ewigkeit. Amen.

Ausklang
Wir alle kennen die »Caritassuppe«. Setzen wir uns zum Ausklang des Nachmittages noch zusammen zu einer typischen Caritas-Verpflegung: Tee, Butterbrot und einem Teller Caritassuppe.

Kopiervorlagen

So jemand spricht, ich liebe Gott

1. So jemand spricht: Ich liebe Gott! Und hasst doch seine Brüder,
    der treibt mit Gottes Wahrheit Spott und reißt sie ganz darnieder.
    Gott ist die Lieb und will, dass ich den Nächsten liebe, gleich wie mich.

2. Wer dieser Erde Güter hat und sieht die Brüder leiden
    und macht den Hungernden nicht satt, lässt Dürftige nicht kleiden,
    der ist ein Feind der ersten Pflicht und hat die Liebe Gottes nicht.

3. Wir haben einen Gott und Herrn, sind eines Leibes Glieder;
    drum diene deinem Nächsten gern, denn wir sind alle Brüder.
    Gott schuf die Welt nicht bloß für mich, mein Nächster ist sein Kind wie ich.

4. Vergibst mir täglich so viel Schuld, du Herr von meinen Tagen!
    Ich aber sollte nicht Geduld mit meinen Brüdern tragen,
    dem nicht verzeihn, dem du vergibst, und den nicht lieben, den du liebst.

5. Was ich den Brüdern hier getan, dem Kleinsten auch von diesen,
    das siehet mein Erlöser an, als hätt ich's ihm erwiesen.
    Und ich, ich sollt ein Mensch noch sein und Gott im Bruder nicht erfreun?

T: Christoph Friedrich Gellert 1715–1769
M: »Mir nach, spricht Christus« (GL 616)

Glauben – Leben – Heilig-sein
Anregungen zum Fest Allerheiligen

Thema
Allerheiligen ist einerseits ein populäres Fest, andererseits verbunden mit Emotionen und natürlich mit den unterschiedlichsten Vorstellungen über Heilig und Heilig-sein. Hier sollen einige grundsätzliche Informationen vermittelt und zu eigenen, weiterführenden Gedanken über Heilige angeregt werden.

Vorbereitung
- Bibelverse zu »heilig«, jeden Vers auf einem eigenen Zettel (Kopiervorlagen)
- Tuch für den Boden
- Liedtext (Kopiervorlage)
- Impulsfragen (Kopiervorlage)

Besondere Aufgaben
- Frau Heilig
- HelferInnen, die die Zettel mit den Bibelversen wieder einsammeln
- FragestellerInnen

Sitzordnung
- Kreis (gestaltete Mitte mit dem Tuch)
- Kaffeetisch(e)

Dauer
60 bis 90 Minuten

Einführung
In diesen Tagen feiern wir Allerheiligen, für viele von uns ein sehr wichtiges Fest. Aus diesem Anlass beschäftigen wir uns heute damit, was Heilig-Sein bedeutet und was einen Heiligen ausmacht. Wir verehren ja alle die eine Heilige oder den andern Heiligen, die uns wichtig sind. Allerheiligen ist aber traditionell auch verbunden mit dem Gedächtnis unserer Verstorbenen. Ich bin schon gespannt, ob und wie wir alle diese Themen an einem Nachmittag unterbringen werden! Zu uns habe ich heute Frau Heilig eingeladen. Sie hat sich intensiv mit diesen Bereichen beschäftigt und wird uns durch den Nachmittag führen.

Frau Heilig: Herzlichen Dank für Ihre Einladung zu diesem Nachmittag. Er wird sicher sehr interessant. Ich freue mich auf Ihre Mitarbeit und Ihre Beiträge. Selbstverständlich dürfen Sie auch Ihre Fragen stellen; gerne versuche ich, darauf einzugehen. Bevor wir uns in das Thema vertiefen, schlage ich vor, wir singen gemeinsam ein Lied!

Lied
Hört, wen Jesus glücklich preist (siehe Kopiervorlage)

Frau Heilig: Beginnen wir zunächst mit der Frage, was denn die Bibel unter »heilig« versteht. Dazu habe ich hier eine ganze Reihe Bibelverse herausgesucht und auf Zettel geschrieben. Ich gebe sie im Kreis herum, jeder nimmt sich irgendeinen davon. Wenn alle einen Zettel haben, dann lesen wir, der Reihe nach, den Vers vor, der darauf steht. Achten Sie dabei bitte darauf, an wen er gerichtet ist, wer angesprochen wird oder über wen er eine Aussage macht.
(Die Verse austeilen und vorlesen – nach dem letzten Vers:) Nun, was ist Ihnen bei diesen Versen aufgefallen? *(Zunächst Wortmeldungen sammeln, diese dann zusammenfassen.)*

Frau Heilig: Ja, Sie haben recht beobachtet. Ein Teil der Verse handelt von Gott, ein Teil von Menschen, z. B. von den Angehörigen der ersten Christengemeinden, ein anderer Teil von Gegenständen. Legen wir jetzt einmal die gleichartigen Zettel zusammen, dann wird das deutlicher, als wenn wir sie einfach vorlesen.
Frau N.N. sammelt zunächst alle Zettel ein, die eine Aussage über Gott enthalten und liest sie uns noch einmal vor. Dann sammelt Frau N.N. die Zettel ein, die an Menschen oder Gemeinden gerichtet sind und liest diese nochmals vor. Und jetzt die restlichen Zettel, die mit Gegenständen zu tun haben. Wir legen die Zettel einfach hier in der Mitte zusammen.

Ich versuche jetzt, das Ganze in einen Zusammenhang zu bringen. Heilig ist also Gott, heilig sind die Israeliten bzw. Christen, heilig ist aber auch der Tempel. Was bedeutet nun »heilig«?
Im Hebräischen gibt es das Wort »qodesch«, es bedeutet schneiden, trennen. Es bezeichnet zunächst etwas Herausgehobenes, Besonderes, etwas, was vom alltäglichen Bereich unterschieden ist und wird hauptsächlich auf Gott angewendet. Er ist »der Heilige«, der ganz andere, der von allem anderen Herausgehobene. Alles, was nun zu Gott in Beziehung steht, ist »heilig«. Dies betrifft sowohl einen Ort als auch einen Raum (Ps 5, 8) oder einen Gegenstand (Ps 132, 8) und schließlich Menschen. Heilig sind alle, die sich zu ihm bekennen. Schauen wir auf die Zettel mit den Versen über die Christengemeinden. Was ist als Kennzeichen ihres Heilig-seins

angeführt: dass sie an Jesus glauben. Dies gilt auch für das Alte Testament. »Heilig« waren die Menschen, die sich zum Gott Jahwe bekannt haben. Sie waren sein heiliges Volk, dem einerseits eine besondere Würde zukommt, von dem andererseits aber auch eine heilige, seiner Zugehörigkeit zum heiligen Gott entsprechende Lebensführung erwartet wird.

Frage: Frau Heilig, eine Frage: Warum werden dann auch Gegenstände als »heilig« bezeichnet?

Frau Heilig: Ganz einfach. Alles, was mit dem heiligen Gott in Beziehung steht, gilt auch als heilig, als herausgehoben. Jeder von uns kennt z. B. einen Raum, der »heilig« ist, der eine besondere Atmosphäre ausstrahlt. Es gibt Geräte, Gewänder, die nur für den Gottesdienst verwendet werden, die in diesem Sinne auch »heilig« sind.

Frage: Ja, dann sollten wir doch noch auf die Heiligen kommen. Wenn ich Sie richtig verstanden habe, dann sind Heilige Menschen, die an Jesus glauben und deshalb Jesu Leben als Maßstab für ihr Leben betrachten?

Frau Heilig: Richtig. In diesem Sinne sind wir alle Heilige. Gott lebt ja in seinem Volk. Das war schon die Überzeugung der Israeliten im Alten Testament; später hat Jesus gesagt: Wo zwei oder drei in meinem Namen versammelt sind, bin ich. Oder: Was ihr dem Geringsten meiner Brüder tut, das tut ihr mir. Doch gibt es immer wieder Menschen, an denen wir das besonders sehen können, und das sind dann »die Heiligen«. Ich denke, es ist jetzt an der Zeit, dass wir uns in kleinen Gruppen austauschen. Am einfachsten ist es wohl, wenn wir zu dritt ins Gespräch kommen, so wie wir gerade nebeneinander sitzen. Die Fragen, über die ich Sie miteinander zu sprechen einlade, stehen hier auf diesem Arbeitsblatt *(siehe Kopiervorlage)*.

–   Welcher oder welche Heilige ist mir wichtig?
–   Was schätze ich an ihm, an ihr besonders?
–   Inwiefern ist er, ist sie für mein Leben Vorbild?

Abschluss

Ich darf Sie nun bitten, zu Ende zu kommen. Wir danken zunächst einmal ganz herzlich unserer Frau Heilig, dass sie uns an ihrem Wissen hat teilhaben lassen. In den Gruppengesprächen haben wir uns von unseren Lieblingsheiligen erzählt. Sie sind uns Vorbild und Fürsprecher. Wir wollen sie deshalb anrufen und zwar folgendermaßen: Der Reihe nach sagt jeder den Namen seines Heiligen und wir alle antworten dann mit den Worten: »Bitte für uns«. Als Beispiel: »Mein Lieblingsheiliger ist der hl. Johannes.« Dann sprechen alle: »Heiliger Johannes, bitte für uns.« Wir können auch unsere Namenspatrone nennen. Diese – unsere – »Allerheiligenlitanei« schließen wir ab mit dem »Ehre sei dem Vater«.

Ausklang
Wir bleiben noch zusammen und sprechen bei einer Tasse Kaffee weiter. Heute gibt es *(Kaffeetisch mit regional üblichem Gebäck zu Allerheiligen: Allerheiligenstriezel, Allerheiligenkipf, Allerheiligenbrezel).*

Kopiervorlagen

Bibelverse zu »heilig«

Mose, leg deine Schuhe ab, denn der Ort, wo du stehst, ist heiliger Boden. (Exodus 3, 5)

Wer ist wie du gewaltig und heilig? (Exodus 15, 11)

Seid heilig, weil ich heilig bin. (Leviticus 11, 44)

Ich selber habe meinen König eingesetzt, auf Zion, meinem heiligen Berg. (Psalm 2)

Ich werfe mich nieder in Ehrfurcht vor deinem heiligen Tempel. (Psalm 5)

Fürchtet den Herrn, ihr seine Heiligen; denn wer ihn fürchtet, leidet keinen Mangel. (Psalm 34)

Gott sitzt auf seinem heiligen Thron. (Psalm 47)

Wir wollen uns am Gut deines Hauses sättigen, am Gut deines heiligen Tempels. (Psalm 65)

Mein Gott, du Heiliger Israels, ich will dir auf der Harfe spielen. (Psalm 71)

Gott, dein Weg ist heilig. (Psalm 77, 14)

In heiligem Schmuck werft euch nieder vor dem Herrn. (1 Chronik 16, 29)

Niemand ist heilig, nur der Herr. (1 Samuel 2, 2)

Heilig, heilig, heilig ist der Herr der Heere. (Jesaja 6, 3)

Zieh deine Prunkkleider an, Jerusalem, du heilige Stadt. (Jesaja 52, 1)

Heute ist ein heiliger Tag zu Ehren des Herrn, eures Gottes. (Nehemia 8, 9)

Unser Vater im Himmel, dein Name werde geheiligt. (Matthäus 6, 9)

Heiliger Vater, bewahre sie in deinem Namen, den du mir gegeben hast …
(Johannes 17, 11)

Helft den Heiligen, wenn sie in Not sind; gewährt jederzeit Gastfreundschaft!
(Römer 12, 13)

Paulus, durch Gottes Willen berufener Apostel Christi Jesu, und der Bruder Sos-
thenes an die Kirche Gottes, die in Korinth ist, – an die Geheiligten in Christus
Jesus, berufen als Heilige mit allen, die den Namen Jesu Christi, unseres Herrn,
überall anrufen. (1 Korinther 1, 1–2)

Paulus, durch Gottes Willen Apostel Christi Jesu, und der Bruder Timotheus an die
Kirche Gottes, die in Korinth ist, und an alle Heiligen in ganz Achaia.
(2 Korinther 1, 1)

Grüßt einander mit dem heiligen Kuss! Es grüßen euch alle Heiligen.
(2 Korinther 13, 12)

Paulus, durch den Willen Gottes Apostel Christi Jesu, an die Heiligen in Ephesus,
die an Christus Jesus glauben. (Epheser 1, 1)

Mir, dem Geringsten unter allen Heiligen, wurde diese Gnade geschenkt.
(Epheser 3, 8)

Paulus und Timotheus, Knechte Christi Jesu, an alle Heiligen in Christus Jesus, die in Philippi sind, mit ihren Bischöfen und Diakonen. (Philipper 1, 1)

Grüßt jeden Heiligen in Christus Jesus! Es grüßen euch alle Heiligen, besonders die aus dem Haus des Kaisers. (Philipper 4, 21–22)

Paulus, durch den Willen Gottes Apostel Jesu Christi, und der Bruder Timotheus an die heiligen Brüder in Kolossä, die an Christus glauben. (Kolosser 1, 1)

Wir haben von eurem Glauben an Christus Jesus gehört und von der Liebe, die ihr zu allen Heiligen habt … (Kolosser 1, 4)

Wie der, der euch berufen hat, heilig ist, so soll auch euer ganzes Leben heilig werden. (1 Petrus 1, 15)

Liebe Brüder: Kämpft für den überlieferten Glauben, der den Heiligen ein für allemal anvertraut ist. (Judas 3)

So spricht der Heilige, der Wahrhaftige … (Offenbarung 3, 7)

Denn du allein bist heilig. (Offenbarung 15, 4)

Impulsfragen für die Gruppen
- Welcher oder welche Heilige ist mir wichtig?
- Was schätze ich an ihm, an ihr besonders?
- Inwiefern ist er, ist sie für mein Leben Vorbild?

Lied: Hört, wen Jesus glücklich preist

1. Hört, wen Je - sus glück-lich preist, Hal - le - lu - ja!

Wem er Got - tes Reich ver - heißt. Hal - le - lu - ja!

2. Dem, der Gott nichts bieten kann, Halleluja,
   bietet Gott die Freundschaft an. Halleluja.

3. Wem hier großes Leid geschah, Halleluja,
   dem ist Gottes Trost ganz nah. Halleluja.

4. Wer von Macht und Krieg nichts hält, Halleluja,
   erbt am Ende Gottes Welt. Halleluja.

5. Hungert uns nach Gerechtigkeit, Halleluja,
   steht uns Gottes Tisch bereit. Halleluja.

6. Keinen, der barmherzig ist, Halleluja,
   Gottes Liebe je vergisst. Halleluja.

7. Die hier rein durchs Leben gehn, Halleluja,
   werden Gottes Antlitz sehn. Halleluja.

8. Wer zum Frieden sich bekannt, Halleluja,
   der wird Gottes Kind genannt. Halleluja.

9. Wer hier leidet für den Sohn, Halleluja,
   den erwartet Gottes Lohn. Halleluja.

T: nach Matthäus 5, 2–10: Kurt Hoffmann und Friedrich Walz,
M: Spiritual (Michael, row the boat), © Gustav Bosse Verlag, Kassel

Wer an mich glaubt, wird leben

Wir denken an unsere Verstorbenen

Thema

Zum Totengedenken ist nicht nur Anlass an Allerseelen. Manche Pfarreien, manche Heime oder Seniorenkreise laden in regelmäßigen Abständen dazu ein.

Vorbereitung

- CD-Player
- CD mit meditativer Musik
- Kurze Charakteristik der Verstorbenen
- Für jeden Verstorbenen ein Grablicht, das mit Namen und Sterbedatum versehen ist.
- Feuerzeug
- Rechtzeitige Einladung an die Angehörigen
- Liedertext (Kopiervorlage, GL 298)

Besondere Aufgaben

- LektorIn für das Evangelium
- SprecherIn für das Totengedenken
- HelferIn zum Anzünden der Grablichter

Dauer

Richtet sich nach der Zahl der Verstorbenen und der Länge des Gespräches.

Zur Einstimmung meditative Musik.

Einführung

Heute sind wir zusammengekommen, um an alle zu denken, die in den letzten Wochen (Monaten, im vergangenen Jahr) aus unserer Mitte verstorben sind. Wir besinnen uns auf das, was sie uns bedeuten, und sprechen über das, was uns mit ihnen verbindet. Wir wollen aber auch miteinander beten – für unsere Verstorbenen und für uns selbst. Viele Fragen bewegen uns. Wir können sie uns selbst nicht alle beantworten. Daher erwarten wir uns von Gott ein Wort, das tröstet und weiterhilft.

Lied

Meine engen Grenzen (siehe Kopiervorlage)

Gebet

Herr, unser Gott! Dein Wort ist uns Hoffnung und Zukunft. Daher kommen wir jetzt mit unseren Gedanken und Fragen zu dir. Wir können nicht glauben, dass das Leben unserer Verstorbenen und alles, was sie uns bedeuten, vergeblich und vergessen sein soll. Daher legen wir es in deine Hände und rufen dein Erbarmen an. Wir bringen dir auch alles, was uns jetzt bewegt und beschäftigt, denn du bist der Gott, der uns hört und der für uns da ist. Dir sei Lob und Dank heute und alle Tage und in alle Ewigkeit. Amen.

Hinführung zum Evangelium

Im Evangelium, das wir jetzt hören, hören wir von Gott, der uns begleitet und der für uns da ist.

Evangelium

Wer an mich glaubt, wird leben

Jesus kam nach Bethanien und fand dort Lazarus schon vier Tage im Grab liegen. Bethanien war nahe bei Jerusalem, etwa fünfzehn Stadien entfernt. Viele Juden waren zu Marta und Maria gekommen, um sie wegen ihres Bruders zu trösten. Als Maria hörte, dass Jesus komme, ging sie ihm entgegen, Maria aber blieb im Haus. Marta sagte zu Jesus: Herr, wärest du hier gewesen, dann wäre mein Bruder nicht gestorben. Aber auch jetzt weiß ich: Alles, worum du Gott bittest, wird Gott dir geben. Jesus sagte zu ihr: Dein Bruder wird auferstehen. Marta sagte zu ihm: Ich weiß, dass er auferstehen wird bei der Auferstehung am Letzten Tag. Jesus erwiderte ihr: Ich bin die Auferstehung und das Leben. Wer an mich glaubt, wird leben, auch wenn er stirbt, und jeder, der lebt und an mich glaubt, wird auf ewig nicht sterben. Glaubst du das? Marta antwortete ihm: Ja, Herr, ich glaube, dass du der Messias bist, der Sohn Gottes, der in die Welt kommen soll.
Johannes 11, 17–27

Gedanken zum Evangelium

Wir können uns die Situation von Maria und Martha gut vorstellen. Wie wir von lieben Menschen Abschied nehmen, so müssen es auch diese Frauen tun. Doch nicht nur Maria und Marta trauern um ihren Bruder. Jesus trauert um seinen Freund und besucht Maria und Marta, um ihnen seine Anteilnahme zu zeigen. In Augenblicken wie diesen ist ja zunächst nichts wichtiger, als Stille und die Nähe guter Freunde. Tröstende Worte oder bohrende Fragen haben später ihren Platz. Es scheint, dass Maria noch Stille braucht, Marta aber schon Fragen loswerden möchte, Fragen, die auch wir beim Tod von Menschen, die uns lieb sind, stellen: Warum musste das sein? Warum hat Gott das zugelassen? Warum konnte es niemand verhindern? Wie soll es weitergehen? Wo ist der Verstorbene nun wirklich? Marta spricht ihre Wünsche und ihre Fragen aus. Dadurch aber und durch Jesu Nähe verdichtet sich in ihr das Gefühl, dass der Tod ihres Bruders einen Sinn hat. Am Ende des Gespräches kann sie klar zu Jesus sagen: »Ich glaube!« Wir spüren: Glaube ist nicht etwas Fertiges, sondern etwas, das wächst. Glaube wächst durch Fragen und Gespräch, durch Erklärungsversuche und Zweifel, durch Nachdenken und durch die Offenheit für eine unerwartete Wendung. Dies alles mag Jesus bedenken, wenn er zu Marta sagt: »Ich werde ihn auferwecken.« Damit erfahren wir die Sichtweise Jesu vom Tod. Er sieht diesen nicht als den Schlusspunkt des Lebens, als den letzten Tag, mit dem alles aus ist, sondern als einen neuen Anfang. Dieser Anfang ist an unseren Verstorbenen bereits geschehen. Wir trauern und sollen das auch tun. Doch während wir das tun, sind sie bereits von Jesus mit neuem Leben beschenkt. Klingt das zu schön, als dass es wahr sein könnte? Wir Menschen verfallen gerne in einen Fehler: Wir lassen nur Dinge gelten, die wir uns mit unserem begrenzten, menschlichen Verstand vorstellen können. Wir schaffen es nicht, uns aus den eingefahrenen Bahnen, in denen wir denken, zu lösen. Daher trauen wir auch Gott nicht jene ganz anderen Möglichkeiten zu, die ihm als Gott offen stehen. Durch die Worte Jesu spürt Marta, dass es Wirklichkeiten gibt, die da sind, auch wenn sie ihr noch verschlossen sind. Sie bringt den Mut auf, sich darauf einzulassen. Dieser Mut tröstet und hilft, auch scheinbar so eindeutigen Dingen wie dem Tod eine zweite Seite zuzugestehen.

Meditative Musik

Gebet
Herr, unser Gott, wir danken dir für unsere Verstorbenen. Vor allem danken wir dir für alles Gute, mit dem du sie beschenkt hast, und für alles Schöne, das wir durch sie erfahren durften. Sie leben jetzt bei dir. Segne, was sie hier auf Erden getan haben, lass es wirken und Frucht bringen – darum bitten wir dich, durch Christus, unseren Herrn. Amen.

Totengedenken
Wir nennen jetzt die Namen unserer Verstorbenen und ihr Sterbedatum, rufen in Erinnerung, was für sie charakteristisch gewesen ist und was die Pfarre (die Familienrunde, der Seniorenkreis, das Heim) ihnen verdankt. Dazu wird ein Licht angezündet.

Gespräch

Wir haben nun unserer Verstorbenen gedacht. Jetzt ist Platz, über die Gefühle und Gedanken zu sprechen, die uns bewegen. Was ist uns an unseren Verstorbenen wichtig? Was können wir – im Blick auf ihr Leben – für unser Leben lernen? Was ist uns Aufgabe, Verpflichtung, Ehrensache zu tun?

Abschluss

Lebendiger Gott! Wir tun uns schwer, mit eigenen Worten zu sagen, was wir gerne sagen würden. Daher legen wir alles, was uns jetzt bewegt, in das Gebet, das uns Jesus zu beten gelehrt hat und sprechen: Vater unser …

Lied

Herr, unser Herr, wie bist du zugegen (GL 298)

Segen

Gott hat gesagt:
Ich will dich behüten,
und wir nehmen ihn beim Wort.
Gott hat gesagt: Du bist kostbar in meinen Augen,
und wir nehmen ihn beim Wort.
Gott hat gesagt: Nichts soll dich von mir scheiden,
und wir nehmen ihn beim Wort.
Daher sprechen wir uns jetzt seinen Segen zu,
den Segen des Vaters, des Sohnes und des Heiligen Geistes.
Amen.
nach Jörg Zink

Meditative Musik

Ausklang

Wir lassen die Gedenkfeier ausklingen mit einer einfachen Agape. Sie sind herzlich dazu eingeladen. Natürlich können Sie auch das Licht, das für Ihren Verstorbenen angezündet wurde, mit nach Hause nehmen.

Meine engen Grenzen

V 1. Mei - ne en - gen Gren - zen, mei - ne
2. Mei - ne gan - ze Ohn - macht, was mich
3. Mein ver - lor - nes Zu - traun, mei - ne
4. Mei - ne tie - fe Sehn - sucht nach Ge -

kur - ze Sicht___ brin - ge ich vor dich.___
beugt und lähmt,___ brin - ge ich vor dich.___
Ängst - lich - keit___ brin - ge ich vor dich.___
bor - gen - heit___ brin - ge ich vor dich.___

V/A Wand - le sie in Wei - te;
Wand - le sie in Stär - ke;
Wand - le sie in Wär - me;
Wand - le sie in Hei - mat;

1.-4. Herr, er - bar - me dich.

T: Eugen Eckert, M: Winfried Heurich, © Lahn-Verlag, Limburg-Kevelaer

Winter

Der Winter bringt Schnee
Ein Nachmittag zum Jahreszeiten-Lied

Thema
Die Zeit, in der die Natur starr und tot ist, in der es kein Leben gibt, ist gleichzeitig die Ruhepause, die sie braucht, um wieder zu Kräften zu kommen. Gedanken über den Winter führen daher zu Fragen über die Endlichkeit und über den Sinn des Lebens. Der Winter sagt uns: Wenn auch manches nicht mehr so ist, wie vorher – das Leben geht weiter.

Vorbereitung
* Liedtext (Kopiervorlage)
* Gegenstände für gestaltete Mitte
* CD-Player und ruhige Musik
* Flip-Chart oder Packpapier mit der Überschrift: »Winter ist für mich ...«
* Karten aus dünnem Karton zum Beschreiben
* Nadeln
* Filzstifte
* Eine Kerze, so dünn, dass sie gebrochen werden kann.
* Kerzenständer und Feuerzeug
* Die Zutaten zum Vitaminpunsch

Besondere Aufgaben
* Mehrere SprecherInnen für die Kerzenmeditation

Sitzordnung
* Kreis (gestaltete Mitte: Winterarrangement: Handschuhe, Schals, Hauben, Pelzschuhe)
* Tisch für die Metapherübung
* Tischgruppen für den Ausklang

Dauer
90 Minuten

Einführung
Heute Nachmittag beschäftigen wir uns wieder mit unserem Jahreszeitenlied: »Es war eine Mutter, die hatte vier Kinder« *(siehe Kopiervorlage zum Vorschlag »Der Frühling bringt Blumen«).* Zu Beginn singen wir es gemeinsam.

»Der Winter bringt Schnee«, so heißt es im Lied. Was bringt der Winter aber noch? Es ist die Jahreszeit, die wir wegen vieler Unannehmlichkeiten fürchten, in der wir aber auch hohe Feste feiern.

Metapherübung

Ich lade Sie ein zu einer Metapherübung. Auf diesem Tisch liegt ein Papierbogen, auf dem die Worte stehen: »Winter ist für mich …« Sie haben nun die Möglichkeit, diesen Satz zu vervollständigen. Dazu nehmen Sie eine von den vorbereiteten Karten und schreiben darauf, was Winter für Sie bedeutet. Wer möchte, kann den Satz auch mehrmals vervollständigen. Die Karten bitte am Flip-Chart befestigen! Solange geschrieben wird, herrscht Stillschweigen. Wenn der letzte Beitrag angebracht ist, nehmen wir uns noch einige Minuten Zeit zum Lesen und Nachdenken. Dazu hören wir ruhige Musik.

Weiterführung

Setzen wir uns nun wieder zusammen und schauen uns an, was alles aufgeschrieben wurde! Zunächst versuchen wir, in die Aussagen eine Ordnung zu bringen. *(Die Karten nach Themen neu gruppieren.)*
Wir sehen, welche vielfältigen, ja widersprüchlichen Gefühle »Winter« in uns hervorruft. Er ist die Jahreszeit, die viele von uns am wenigsten mögen *(geht auf einzelne Beiträge ein)*, dennoch ist ein Winter ohne Kälte, Eis und Schnee kein richtiger Winter. Musste man früher für den Winter vorsorgen, ist dies kaum mehr nötig: Zentralheizungen sind selbstverständlich, frisches Obst und Gemüse gibt es das ganze Jahr. Viele Pensionisten flüchten vor dem Winter in Länder, in denen es keinen Winter gibt. In den Winter fallen viele Feiertage und Festzeiten. Sie sind mit Emotionen verbunden, manchmal sogar gefürchtet, doch so wirklich darauf verzichten möchte auch wieder niemand *(geht wieder auf die Beiträge ein)*. Mitten in den Winter fällt der Jahreswechsel. Mitten im Winter blüht als erste Blume des Jahres die Schneerose (Christrose). Nach einer Ruhepause beginnen noch im Winter die Bäume wieder Saft zu ziehen. So ganz trostlos ist der Winter also auch wieder nicht. Dennoch sehnen wir uns nach Licht, nach dem Frühling. Wir schließen unseren Nachmittag mit einer Lichtmeditation ab. Singen wir zunächst gemeinsam das Lied: »Du bist das Licht der Welt.«

Lied
Du bist das Licht der Welt (siehe Kopiervorlage)

Kerzenmeditation: Was von uns bleibt?
Der Raum ist dabei möglichst dunkel, in der Mitte steht eine Kerze.

Die Kerze, die hier in der Mitte steht, regt uns zu einer Meditation über unser Leben an. Was ist eine Kerze? Ein Stück Wachs mit einem Docht. Der Docht macht das Wachs zur Kerze. Gäbe es ihn nicht, hätten wir hier keine Kerze, sondern nur einen Klumpen Wachs. Von diesem Docht sehen wir nur ein kurzes Stück, das längere ist verborgen.

Ähnlich verhält es sich mit dem Menschen. Wir sehen seinen Körper, wissen aber, dass der Körper nicht allein den Menschen ausmacht. Zum Menschen gehören Körper und Geist. Unter »Geist« verstehen wir alles, was den einen Menschen vom anderen unterscheidet. Dieser Geist ist unsichtbar, wie der im Wachs verborgene Teil des Dochtes, doch ohne ihn wäre der Mensch nicht Mensch, wäre er keine einzigartige Person.

Die Kerze wird angezündet

Ich zünde jetzt die Kerze an. Beobachten wir, was geschieht! Durch die Flamme wird das Wachs flüssig und schmilzt. Die Kerze brennt herunter, dabei entstehen Wärme und Licht. Substanz verwandelt sich in Funktion. Eine Kerze, die nicht brennt, ist eine nutzlose Kerze. Je mehr die Kerze heruntergebrannt ist, umso mehr hat sie ihre Funktion erfüllt. Niemand kann bestreiten, dass die Kerze gebrannt und dabei Licht und Wärme verbreitet hat.

Ähnlich ist es beim Menschen. Im Laufe seines Lebens verbraucht er seine Kräfte. Ist aber das, was er getan hat, deshalb auch verloren? Was wir beim »Herunterbrennen« unseres Lebens getan, erlebt, erlitten haben, bleibt. Niemand kann es wegdiskutieren. Auch wenn wir jetzt vieles nicht mehr können: Was wir getan haben, bleibt.

Die Kerze wird ausgeblasen und gebrochen

Ich blase jetzt die Kerze aus und versuche, sie zu zerbrechen … Dies geht aber nicht so einfach. Der Docht hält beide Teile zusammen.

Ähnlich ist es beim Menschen. In jedem Menschenleben gibt es Einbrüche, Kränkungen, Verhärtungen, Schwachstellen. Dennoch bleibt unser Leben eine Einheit. Auch der verletzte Mensch ist ein Mensch. Wie der Docht die Teile der Kerze zusammenhält, gibt es auch etwas, das den Menschen zusammenhält und das unzerstörbar ist.

Die Kerze wird wieder aufgestellt, an der Bruchstelle geklebt und wieder angezündet

Ich stelle die Kerze wieder auf. Die Bruchstelle lässt sich nicht verbergen, doch die Kerze steht wieder, ich kann sie wieder anzünden. Die zerbrochene, wacklige Kerze leuchtet! Trotz ihrer Verletzung, trotz ihrer Bruchstelle, erfüllt sie ihren Sinn.

Ähnlich ist es beim Menschen. Sein Leben hat auch dann Sinn, wenn der Körper

Runzeln und Narben trägt, wenn er Krücken oder einen Rollstuhl braucht oder auf die Hilfe anderer Menschen angewiesen ist. Niemand kann bestreiten, dass man auch mit Narben leben kann oder dass der Mensch, der Hilfe braucht, kein Mensch ist.

Die brennende Kerze wird in einen anderen Raum gebracht
Ich stelle nun die Kerze in einen anderen Raum. Wer jetzt zu uns hereinkommt, weiß nichts von der Kerze, er weiß auch nichts von unseren Gedanken. Das ändert aber nichts daran, dass die Kerze hier geleuchtet und ihren Sinn erfüllt hat. Jetzt steht sie in einem anderen Raum. Bei uns ist es dunkler, doch dort leuchtet sie weiter. Es spielt keine Rolle, ob jemand sieht, dass sie leuchtet oder nicht, entscheidend ist, dass sie es tut und ihren Sinn erfüllt.
Ähnlich ist es mit uns. Auch wenn uns niemand mehr kennt, wenn sich keiner mehr an uns erinnert – unser Leben und unseren Sinn kann niemand in Frage stellen. Wir bleiben und was wir getan haben, bleibt.

Abschluss
Ich denke, diese Lichtmeditation hat uns zum Nachdenken gebracht, aber auch in unserem Selbstvertrauen bestärkt. Was wir denken und tun, hat einen Sinn. Wir können daher miteinander einen einfachen Kanon zur Melodie von »Bruder Jakob« singen. Wir reichen einander die Hände und stehen dazu – wenn möglich – auf:

|: Lasset strahlen :|
|: euer Licht :|
|: und gebt vom Licht weiter :|
|: an die Welt :|

Ausklang
Zur Stärkung steht heute ein besonderes köstlicher Vitaminpunsch bereit und natürlich ein guter Kuchen!

Rezept: Vitaminpunsch
Zutaten: 1 l kochendes Wasser, 3 Teelöffel schwarzer Tee, 3 Gewürznelken, 2 Orangen, Zitrone, Zucker. Zubereitung: Tee mit kochendem Wasser übergießen, 5 Min. ziehen lassen, abseihen. Nelken mit wenig Wasser aufkochen, kurz zugedeckt stehen lassen, ebenfalls abseihen. Orangen und Zitrone auspressen und samt dem Nelkenwasser zum Tee geben. Nach Geschmack süßen und trinken, solange er noch heiß ist!

Du bist das Licht der Welt

2. So wie eine Lampe plötzlich Wärme bringt und Licht, wie der Strahl der Nebel-
    leuchte durch die Sichtwand bricht, wie ein rasches Streichholz eine Kerze hell
    entflammt und dadurch die Dunkelheit verbannt.

3. So wie im Widerschein ein Fenster hell erstrahlt, wenn die Sonne an den Him-
    mel bunte Streifen malt, wie ein altes Haus im Licht der Straßenlampe wirkt
    und dadurch manch Hässlichkeit verbirgt!

T/M: Helga Poppe, Kreuzbruderschaft, © Präsenz-Verlag, D-65597 Gnadenthal

Warten
Adventfeier

Thema
Es vergeht kein Tag, an dem wir nicht auf etwas warten. Der Advent aber ist eine besondere Zeit des Wartens und Erwartens. Worin besteht der Sinn des Wartens? Worin liegt die Kraft der Erwartung? Was erwarten wir von Gott und was können wir vor ihm erwarten? Fragen, die uns im Advent und darüber hinaus beschäftigen.

Vorbereitung
• Adventkranz
• Liedertexte (Kopiervorlagen)
• CD-Player und ruhige Musik zur Einstimmung
• Adventsegen (als Schriftrolle) gestaltet für alle
• Texte für SprecherInnen

Besondere Aufgaben
• Mehrere SprecherInnen für Adventkranzbetrachtung und Adventsegen
• Flöten-, Gitarre- oder KlavierspielerIn zum Begleiten der Lieder
• Anfertigung der Schriftrollen

Sitzordnung
• Kreis (gestaltete Mitte: Adventkranz)
• Tischgruppen oder Tafel für den Abschluss

Dauer
60 Minuten

Einführung
Ein großer Teil unseres Lebens besteht aus Warten. Als Kindergartenkind wartete ich auf die Zeit, in der ich in die Schule kommen sollte. Da waren ja die »Großen« und ich wollte lieber zu den Großen, als zu den Kleinen gehören. Im Advent wartete ich voll Spannung auf den Heiligen Abend, auf den Christbaum, die Krippe und die Weihnachtsgeschenke. Später wartete ich auf das Ende der Schulzeit, als ich verliebt war, wartete ich ungeduldig auf Post. Auch jetzt warte ich. Auf schönes Wetter, auf die Straßenbahn, auf gute Ideen. Kein Tag vergeht, ohne dass ich nicht auf etwas oder auf jemanden warte. Worauf warten Sie?

Rundgespräch

Wer macht den Anfang und verrät uns, worauf er wartet? (*Beiträge werden gesammelt.*)

Weiterführung

Ja, wir alle warten auf etwas oder wir erwarten jemanden. Manchmal lässt auch jemand auf sich warten. Gerade wenn wir schon lange auf etwas warten, spüren wir, dass in der Erwartung eine Kraft liegt. Diese Kraft lässt uns Schwierigkeiten bewältigen; so entsteht aus Erwartung Hoffnung. Die Hoffnung gibt den Mut, etwas auszuhalten, neu zu versuchen, noch einmal zu beginnen. Menschen, die nichts mehr erwarten und die sich nichts mehr erhoffen, sind unglücklich, werden krank und depressiv. Dies ist besonders dann der Fall, wenn sich unser Hoffen und Erwarten von Gott gelöst hat und wir von ihm nichts mehr erwarten. Die Bibel kennt solche Erfahrungen und betont: »Wohl dem, der seine Hoffnung auf den Herrn setzt« (Ps 40, 5). Sie berichtet auch immer wieder von alten Menschen, die – weil sie sich von Gott noch etwas für ihr Leben erwarteten – bis ins hohe Alter voll Erwartung waren und darum innerlich jung geblieben sind: Von Abraham und seiner Frau Sara z. B., die beide die Verheißungen Gottes erwarteten; von Jakob, der im hohen Alter gebetet hat: »Auf deine Hilfe harre ich« (Gen 49, 18); von Simeon, über den im Evangelium steht: »Er war fromm und gottesfürchtig und wartete auf den Trost Israels« (Lk 2, 25). Der Trost Israels und damit unser Trost und unsere Hoffnung ist Jesus. Der Advent ist die Zeit, in der wir uns wieder darauf besinnen: Was erwarte ich? Was wünsche ich mir von Gott? Ein Lied, das davon besonders spricht, ist das Lied »Tauet Himmel«. Wir singen es jetzt miteinander.

Lied

Tauet Himmel (siehe Kopiervorlage)

Adventkranzbetrachtung

Viele Symbole des Advent sprechen von Warten und Hoffen. Eines dieser Symbole ist der Adventkranz. Mag jemand von Ihnen etwas über den Adventkranz erzählen? (*Nach einigen Wortmeldungen fortfahren:*)
Er ist entstanden etwa um das Jahr 1830 im evangelischen Raum. Genaueres wissen wir aus dem »Rauhen Haus« in Hamburg, einem Waisenhaus. Auf einem Holzring waren 24 Kerzen befestigt, die bei der Abendandacht im Advent angezündet wurden, jeden Tag eine mehr. Aus praktischen Gründen wurden später die Kerzen auf eine pro Sonntag reduziert, dafür aber der Ring mit Tannengrün geschmückt. – Wir wollen jetzt auf das achten, was uns der Adventkranz über Hoffnung und Erwartung sagt. Nach jedem Gedanken singen wir eine Strophe des Liedes: »O komm, o komm, Immanuel«.

Lied

O komm, o komm, Immanuel, 1. Str. (siehe Kopiervorlage)

Der Adventkranz ist ein Kreis. Auch andere Dinge sind kreisförmig, z. B. ein Ring. Ein Ring ist das Zeichen dafür, dass wir jemanden mögen. Am deutlichsten sagt das der Ehering. Wenn wir jemanden mögen, dann tun wir auch etwas für ihn. Jesus kommt auf die Erde, weil er uns Menschen liebt und für uns da sein möchte. Seine Liebe ist – auch daran erinnert der Kreis – unendlich und unerschöpflich. Er ist immer für uns da. Immer wieder spricht er uns Hoffnung und Zuversicht zu. Wir rufen zu ihm:

Lied

O komm, o komm, Immanuel, 2. Str.

Der Adventkranz ist aus immergrünen Tannenzweigen gebunden. Vor fast 200 Jahren, als der Adventkranz entstanden ist, war die Symbolik der grünen Zweige aussagekräftiger als heute, wo in unseren Wohnungen Zimmerpflanzen stehen, die das ganze Jahr über grün sind. Sie besagt: Wenn die Bäume ihre Blätter verlieren, stirbt das Leben ab, es wird kahl und grau. Das Grün der Tannenzweige aber spricht von der Hoffnung, dass Einerlei und Grau ein Ende finden, sowie von der Überzeugung, dass das Leben stärker ist. Jesus sagt von sich: Ich bin das Leben. Ich nehme von euch alles, was euch belastet und lähmt. Ich bringe Zukunft und Hoffnung. Er bringt in Ordnung, was wir nicht mehr in Ordnung bringen können. Wir rufen zu ihm:

Lied

O komm, o komm, Immanuel, 3. Str.

Auf dem Adventkranz stecken vier Kerzen. Dies verweist natürlich auf die vier Adventssonntage. Die Zahl Vier hat aber noch eine tiefere Symbolik. Vier ist die Zahl der Ganzheit der Schöpfung. Wir kennen vier Elemente, vier Himmelsrichtungen, vier Windrichtungen, vier Jahreszeiten. Wenn Jesus kommt, wird alles hell und neu. Sein Licht strahlt in jeden auch noch so finsteren Winkel. Er möchte uns in sein Licht hinein nehmen, ja uns selbst zum Licht machen. Wer mit ihm Gemeinschaft hat, wird ein anderer Mensch. Wir bitten um diese Gemeinschaft und rufen:

Lied

O komm, o komm, Immanuel, 4. Str.

Die vier Kerzen brennen nicht auf einmal. Wir zünden jeden Sonntag eine mehr an. Auch das hat seinen Sinn. Stellen Sie sich vor: Sie sitzen in einem dunklen Zimmer, plötzlich kommt jemand herein und macht Licht. Was geschieht? Sie erschrecken und möchten, dass es so bleibt, wie es war, dunkel. Im Grunde aber wollen wir nicht immer im Dunkel sitzen bleiben. Der Advent sagt uns, dass nicht alles so bleibt, wie es ist. Jesus macht unser Dunkel hell. Würde er jedoch plötzlich vor uns stehen, würden wir erschrecken. So kommt er Schritt für Schritt, dass wir Zeit haben, uns auf ihn einzustellen. Mit unserer Erwartung wächst aber auch unsere Freude.

Lied
O komm, o komm, Immanuel, 5. Str.

Wir schließen unsere Betrachtung ab mit der sechsten und letzten Strophe des Liedes. Sie spricht von unserer Bereitschaft für Jesus und von der Freude, die wir empfinden, wenn wir mit ehrlichem Herzen auf ihn zugehen. Wir rufen voll Erwartung:

Lied
O komm, o komm, Immanuel, 6. Str.

Gespräch
Was können wir nach diesen Überlegungen vom Advent, von Jesus erwarten? Sammeln wir in einer abschließenden Gesprächsrunde unsere Erwartungen und bitten wir Gott, diese Erwartungen zu segnen.

Abschluss
Den Adventsegen sprechen uns jetzt Frau N.N. und Herr N.N.

Adventsegen
Gesegnet sind die Tage des Advent,
die vielen Vorbereitungen und Vorkehrungen,
damit Gott bei uns auch ankommen kann,
wenn er kommt, um uns zu retten.

Gesegnet sind die Tage des Advent,
die kleinen Überraschungen und Vorfreuden,
damit wir uns bereiten, um IHN zu empfangen,
wenn er plötzlich bei mir eine Herberge sucht.

Gesegnet sind die Tage des Advent,
in denen uns die Gestalten und Botschaften
der Sehnsucht und Verheißung, des Wartens
und Hoffens, neu begegnen wollen.

Gesegnet sind die Tage des Advent,
die wir besingen und feiern als heilige Zeit,
in der uns das Erbarmen und die menschliche
Nähe unseres Gottes neu zu Herzen gehen wollen.

Gesegnet sind die Tage des Advent,
die uns einladen, uns auf den Weg zur Krippe
zu machen, den wir schon so oft gegangen sind,
der aber immer neu von uns gefunden sein will
Paul Weismantel

Ausklang
Gemütliches Beisammensein mit Kaffee, Punsch und Lebkuchen.

Kopiervorlagen

Tauet Himmel

T: Michael Dennis 1774

1. Tauet, Himmel, den Gerechten, Wolken, regnet ihn herab!«
   Rief das Volk in bangen Nächten, dem Gott die Verheißung gab:
   Einst den Mittler selbst zu sehen und zum Himmel einzugehen;
   denn verschlossen war das Tor, bis ein Heiland trat hervor;
   denn verschlossen war das Tor, bis ein Heiland trat hervor.

2. Gott der Vater ließ sich rühren, dass er uns zu retten sann,
   und den Ratschluss auszuführen, trug der Sohn sich selber an.
   Schnell flog Gottes Engel nieder, brachte diese Antwort wieder:
   »Sieh, ich bin des Herren Magd; mir gescheh, wie du gesagt!«
   »Sieh, ich bin des Herren Magd, mir gescheh, wie du gesagt!«

3. Dein Gehorsam ist uns Leben, Jungfrau, demutsvoll und keusch;
   als das Jawort du gegeben, ward das Wort des Vaters Fleisch.
   Erde, jauchze auf in Wonne bei dem Strahl der neuen Sonne;
   fernhin bis zum Niedergang werde alles Lobgesang!
   Fernhin bis zum Niedergang werde alles Lobgesang!

O komm, o komm, Immanuel

T: Münster 1810

1. O komm, o komm, Immanuel, nach dir sehnt sich dein Israel!
   In Sünd und Elend weinen wir und flehn und flehn hinauf zu dir.
   Freu dich, freu dich, o Israel,
   bald kommt, bald kommt Immanuel!

2. O komm, du wahres Licht der Welt, das alle Finsternis erhellt!
   Wir irren hier im Trug und Wahn, o führ uns auf des Lichtes Bahn!
   Freu dich, freu dich, o Israel,
   bald kommt, bald kommt Immanuel!

3. O komm, du holdes Himmelskind, so hehr und groß, so midl gesinnt!
   Wir seufzen tief in Sündenschuld, o bring uns deines Vaters Huld!
   Freu dich, freu dich, o Israel,
   bald kommt, bald kommt Immanuel!

4. O komm, Erlöser, Gottes Sohn, und bring uns Gnad von Gottes Thron!
   Diese Seele fühlt hier Hungersnot, o gib uns dich, lebendig Brot!
   Freu dich, freu dich, o Israel,
   bald kommt, bald kommt Immanuel!

5. O komm, o komm, Gott Sebaot, du unser Hort in aller Not!
   Mit Jesses neuem Herrscherstab treib weit von uns die Feinde ab.
   Freu dich, freu dich, o Israel,
   bald kommt, bald kommt Immanuel!

6. O komm, o komm, Immanuel, befrei dein armes Israel!
   Die Sünde schloß die Himmelstür, du öffnest sie, wir jubeln dir!
   Freu dich, freu dich, o Israel,
   bald kommt, bald kommt Immanuel!

Komm, Herr, komm
Herbergssuche

Thema
Zu den Bräuchen im Advent gehört die »Herbergsuche«. Folgendes Modell knüpft an die traditionelle Form an. Maria und Josef finden in Betlehem nicht offene, sondern nur verschlossene Türen vor. Es möchte aber von einer idyllisch-historisierenden Sichtweise zu einer existentiellen hinführen. Jesu Kommen ist ein Ereignis, das uns alle und zu jeder Zeit betrifft. Wie denken wir darüber?

Vorbereitung
*   Ein passendes Bild (Maria und Josef auf der Reise nach Betlehem, Menschen auf der Flucht, Menschen auf Wohnungssuche, Flüchtlingslager, Nomaden) oder Krippenfiguren von Maria und Josef
*   Ein Körbchen mit vorbereiteten Zetteln, auf denen je ein Bibelvers steht, der das Kommen Jesu zum Inhalt hat (Kopiervorlage).
*   Kerzen oder Teelichter für alle
*   CD-Player und meditative Musik
*   Liedertexte (Kopiervorlage, GL 118,3, GL 107)

Sitzordnung
*   Kreis (gestaltete Mitte: Bild oder Krippenfiguren)
*   Tischgruppen oder Kaffeetafel

Dauer
60 bis 90 Minuten

Gemeinsames Lied
Sankt Josef geht von Tür zu Tür (siehe Kopiervorlagen)

Einleitung
Maria und Josef sind unterwegs. Sie suchen einen Ort, an dem Maria ihr Kind zur Welt bringen kann. Die Suche nach einem solchen Ort gestaltet sich aber unerwartet schwierig. Dort, wo normalerweise Platz ist, unter den Menschen, findet sich keiner. Nur ein Stall bietet Raum. Jesus lässt sich aber nicht von seiner Absicht, zu den Menschen zu gehen, abhalten. Er sucht weiterhin welche, die sich auf ihn einlassen, die ein Herz und eine offene Tür für ihn haben. Dieser Gedanke soll

uns heute beschäftigen. Daher gestalten wir die »Herbergsuche« heute etwas anders als gewohnt.

Herbergsuche
In diesem Körbchen sind Zettel mit Zitaten aus dem Evangelium. Ich reiche ihn jetzt meiner Nachbarin. Diese nimmt sich einen Zettel heraus und liest ihn vor. Nach einer kleinen Nachdenkpause gibt sie das Körbchen an ihre Nachbarin weiter, diese nimmt wieder einen Zettel heraus, gibt den Korb weiter und liest vor, was auf dem Zettel steht. Immer, wenn wir einige Bibelverse gehört haben, singen wir den Ruf:

Liedruf
Komm, Herr, komm und erlöse uns (GL 118,3)

Bittgebet
Wir beten für Menschen, denen wir Geborgenheit und Nähe wünschen und die sich nach Angenommen-Sein und Liebe sehen. Wir nennen ihre Namen und sprechen dazu eine Bitte oder einen Wunsch, zünden eine Kerze an und stellen diese zum Bild in der Mitte. Wer still eine Kerze anzünden möchte, kann natürlich auch das tun. Unsere Bitten schließen wir ab mit dem gemeinsamen Vaterunser.

Vaterunser
Für alle diese Menschen und auch für uns selbst beten wir, wie Jesus uns zu beten gelehrt hat: Vater unser …

Segensbitte
Der Herr beschenke uns mit seiner Liebe und mit seiner Nähe. Er lasse uns seine Wege erkennen, mache uns bereit, uns von ihm führen zu lassen. Die Geborgenheit, die von ihm ausgeht, mögen durch uns auch andere erfahren. Dazu segne uns der Vater, der Sohn und der Heilige Geist. Amen.

Lied
Macht hoch die Tür (GL 107)

Ausklang
Zum Ausklang setzen wir uns noch besinnlich bei Kaffee, Tee und Lebkuchen zusammen und teilen einander mit, wie es uns mit dieser Form der Herbergsuche gegangen ist.

Kopiervorlagen

Schrifttexte

Sterndeuter aus dem Osten kamen nach Jerusalem und fragten: Wo ist der neugeborene König der Juden? (Matthäus 2,1–2)

- -

Wo dein Schatz ist, da ist auch dein Herz. (Matthäus 6,21)

- -

Johannes schickte seine Jünger zu ihm und ließ ihn fragen: Bist du der, der kommen soll, oder müssen wir auf einen anderen warten. (Matthäus 11,2–3)

- -

Wer ein Kind um meinetwillen aufnimmt, der nimmt mich auf. (Matthäus 18,5)

- -

Die Leute, die vor ihm hergingen und die ihm folgten, riefen: Hosanna dem Sohne Davids! Gesegnet sei, der kommt im Namen des Herrn. (Matthäus 21,9)

- -

Als er in Jerusalem einzog, geriet die ganze Stadt in Aufregung, und man fragte: Wer ist das? (Matthäus 21,10)

- -

Mitten in der Nacht hörte man plötzlich laute Rufe: Der Bräutigam kommt! Geht ihm entgegen! (Matthäus 25,6)

- -

Später kamen auch die anderen Jungfrauen und riefen: Herr, Herr, mach uns auf! (Matthäus 25,11)

- -

Amen, ich sage euch: Was ihr für einen meiner geringsten Brüder getan habt, das habt ihr mir getan. (Matthäus 25,40)

- -

Die Zeit ist erfüllt, das Reich Gottes ist nahe. Kehrt um und glaubt an das Evangelium. (Markus 1,15)

- -

Jesus blickte auf die Menschen, die im Kreis um ihn herumsaßen, und sagte: Das hier sind meine Mutter und meine Brüder. Wer den Willen Gottes erfüllt, der ist für mich Bruder, Schwester und Mutter. (Markus 3,34–35)

Die Leute, die vor Jesus hergingen und die ihm folgten, riefen: Gesegnet sei das Reich unseres Vaters David, das nun kommt. Hosanna in der Höhe. (Markus 11, 9–10)

Man wird den Menschensohn mit großer Macht und Herrlichkeit auf den Wolken kommen sehen. (Markus 13, 26)

Maria, du wirst ein Kind empfangen, einen Sohn wirst du gebären: dem sollst du den Namen Jesus geben. (Lukas 1, 31)

Maria gebar ihren Sohn, den Erstgeborenen. Sie wickelte ihn in Windeln und legte ihn in eine Krippe, weil in der Herberge kein Platz für sie war. (Lukas 2, 7)

Johannes gab zur Antwort: Es kommt einer, der stärker ist als ich, und ich bin es nicht wert, ihm die Schuhe aufzuschnüren. (Lukas 3, 16)

Als der Hauptmann von Jesus hörte, schickte er einige von den jüdischen Ältesten zu ihm mit der Bitte, zu kommen und seinen Diener zu retten. (Lukas 7, 3)

Jesus antwortete: Die Füchse haben ihre Höhlen und die Vögel ihre Nester; der Menschensohn aber hat keinen Ort, wo er sein Haupt hinlegen kann. (Lukas 9, 58)

Das wahre Licht, das jeden Menschen erleuchtet, kam in die Welt. (Johannes 1, 9)

Er war in der Welt, und die Welt ist durch ihn geworden, aber die Welt erkannte ihn nicht. (Johannes 1, 10)

Er kam in sein Eigentum, aber die Seinen nahmen ihn nicht auf. (Johannes 1, 11)

Allen, die ihn aufnahmen, gab er Macht, Kinder Gottes zu werden. (Johannes 1, 12)

Sankt Josef geht von Tür zu Tür

1. Sankt Jo - sef geht von Tür zu Tür, bringt ü - ber - all sein
2. Doch ü - ber - all das har - te Wort: »Hier ist kein Platz, drum
3. Das Vieh im Stall kennt sei - nen Herrn, macht Platz der Mut - ter -

Bit - ten für: »Ma - ri - a ist so müd und bang, gebt
geht nur fort!« Ma - ri - a sin - net kum - mer - voll, wo -
got - tes gern. Doch Bet - le - hem hat nicht er - kannt, dass

Her - berg uns, der Weg war lang!« O Bet - le - hem, er -
hin das Kind sie bet - ten soll. O Bet - le - hem, wie
Gott den Hei - land hat ge - sandt. O Bet - le - hem, wie

hör das Flehn, lass dei - nen Herrn nicht drau - ßen stehn!
hart bist du, du schlägst die Tür dem Christ - kind zu.
bist du blind, dass du nicht kennst das Got - tes - kind.

4. Und Herberg sucht nun jedes Jahr fürs Jesuskind das heilge Paar. Schau an das Kind so arm und klein, es möchte bei dir geborgen sein. Bedenk, o Mensch, welch Kind es ist: dein Gott und Heiland Jesus Christ!

T: J. Vösenhuber, M: H. Kronsteiner

Zu Betlehem geboren
Feierstunde zur Weihnachtsgeschichte

Thema
Krippenspiele gehören zur Weihnachtszeit wie der Christbaum, doch sind sie oft abgegriffen oder passen auch für ältere Menschen nicht mehr so recht. Die Weihnachtsgeschichte mit einfachen Mitteln selbst zu gestalten führt mehr in die Tiefe, als sich damit berieseln zu lassen.

Vorbereitung
*   Ein Tisch mit Tischtuch, so aufgestellt, dass ihn alle sehen können.
*   Eine protzige Kerze (Kaiser Augustus)
*   Eine Ewig-Licht-Kerze (Gotteslicht)
*   Eine blaue Kerze (Maria)
*   Eine grüne Kerze (Josef)
*   Eine weihnachtlich verzierte Kerze (Christuskind)
*   Eine weiße Kerze (Verkündigungsengel)
*   Weiße Christbaumkerzen (Engel)
*   Honigfarbene Christbaumkerzen (Hirten)
*   Kerzenhalter für alle Kerzen
*   Liedertexte (GL 106, GL 109, GL 583, GL 140, GL 138, GL 143)
*   Der Raum ist möglichst dunkel.

Besondere Aufgaben
*   Mehrere SprecherInnen
*   Zwei HelferInnen, die die Kerzen anzünden und aufstellen
*   Flöten- Gitarre- oder KlavierspielerIn zum Begleiten der Lieder

Sitzordnung
*   Kreis oder Halbkreis um einen niedrigen Tisch
*   Tischgruppen oder Tafel für den Ausklang

Dauer
45 bis 60 Minuten

Einführung

Ich begrüße alle zu unserer Weihnachtsfeier. Wir gestalten sie heute mit viel Kerzenlicht. Kerzenlicht ist für uns ein Zeichen von Liebe, Wärme, Geborgenheit, Heimat. Liebe, Wärme, Geborgenheit und Heimat wünschten sich die Menschen zur Zeit Jesu und wünschen wir uns heute. Jesus ist gekommen, um uns dies zu bringen. Wir wollen die Worte des Evangeliums hören und auf uns wirken lassen. Dazwischen singen wir Lieder, um das Evangelium zu verinnerlichen oder um darauf zu antworten. Wir beginnen mit dem Lied:

Lied

Kündet allen in der Not (GL 106)

SprecherIn: Unser Gott ist voll Liebe zu uns Menschen. Doch gibt es immer wieder Zeiten, in denen es scheint, dass Gott uns fern bleibt und sein Licht erloschen ist. Dann sehnen wir uns nach Wärme und nach einem Schimmer Hoffnung. So war es bereits vor 2000 Jahren, als Christus geboren wurde. Für viele Menschen war damals eine Zeit der Unterdrückung. Auch Kaiser Augustus, der über die Welt herrschte, konnte kein Licht in ihr Dunkel bringen. *(Die Kaiserkerze wird auf den Tisch gestellt, aber nicht angezündet.)* Wir singen:

Lied

Aus hartem Weh die Menschheit klagt (GL 109)

SprecherIn: Da greift Gott ein. *(Das Gotteslicht wird angezündet und aufgestellt.)* In Nazaret, einem armseligen Winkel der Erde, wohnt Maria. Sie erwartet Licht und Frieden von Gott. Gott sendet ihr seinen Engel. Er soll ihr eine Botschaft verkünden. *(Die Marienkerze wird aufgestellt, aber noch nicht angezündet. Die Kerze des Verkündigungsengels wird am Gotteslicht angezündet und neben die Marienkerze gestellt.)* Der Engel kommt zu Maria und spricht sie an: »Freue dich, Maria, denn Gott hat dich zu Großem auserwählt.« Maria erschrickt über diese Anrede, doch der Engel spricht weiter: »Fürchte dich nicht! Du hast Gnade bei Gott gefunden. Einem Sohn wirst du das Leben schenken, den sollst du Jesus nennen. Er ist der Sohn des Höchsten, und seine Herrschaft wird kein Ende haben.« Maria überlegt, was Gott von ihr möchte. Dann antwortet sie dem Engel: »Ich will tun, was der Herr von mir will. Was du gesagt hast, soll geschehen.« *(Die Marienkerze wird am Gotteslicht angezündet.)* – Wir singen:

Lied

Ave Maria zart (GL 583)

SprecherIn: Wie unerwartet selbst für gläubige Menschen die Initiative Gottes gewesen ist, Licht in die Welt zu bringen, zeigt das Beispiel des Josef. Wir hören dazu aus dem Evangelium:

Evangelium

Maria war mit Josef verlobt. Da zeigte sich, dass sie ein Kind erwartete. Er beschloss, sich in aller Stille von ihr zu trennen. Während er darüber nachdachte, erschien ihm ein Engel im Traum und sagte: Josef, Sohn Davids, fürchte dich nicht, Maria als deine Frau zu dir zu nehmen, denn das Kind, das sie erwartet, ist vom Heiligen Geist. Sie wird einen Sohn gebären; ihm sollst du den Namen Jesus geben; denn er wird sein Volk von seinen Sünden erlösen. Als Josef erwachte, tat er, was der Engel des Herrn ihm befohlen hatte.
Mt 1, 18–24

(Die Josefskerze wird an der Engelkerze angezündet und neben die Marienkerze gestellt.)

Josef nahm Maria, die ein Kind erwartete, zu sich. Mit der Geburt Jesu aber verhielt es sich so: Kaiser Augustus erließ den Befehl, alle Bewohner des Reiches in Steuerlisten einzutragen. Da zog Josef von Nazaret in Galiläa hinauf nach Betlehem. Als sie dort waren, kam für Maria die Zeit ihrer Niederkunft und sie gebar ihren Sohn, den Erstgeborenen. Sie wickelte ihn in Windeln und legte ihn in eine Krippe, weil in der Herberge kein Platz für sie war.
Lk 2, 1–7

(Die Kerze des Christuskindes wird am Gotteslicht angezündet und zur Marien- und Josefs-kerze gestellt.)

Lied

Zu Bethlehem geboren (GL 140)

SprecherIn: Jesus, das Gotteskind, das den Menschen Gottes Nähe und damit Liebe, Wärme, Heimat und Geborgenheit bringen möchte, ist geboren. Die ersten, die davon erfahren, sind Hirten, Menschen, auf die man damals heruntergeschaut hat. Vor allen anderen sollen sie erfahren, dass Gott die Menschen liebt. Wir lesen im Evangelium:

Evangelium

In jener Gegend hielten Hirten Nachtwache bei ihrer Herde. Da trat der Engel des Herrn zu ihnen. Sie fürchteten sich, der Engel aber sagte zu ihnen: Fürchtet euch nicht, denn ich verkünde euch eine große Freude. Heute ist euch in der Stadt Davids der Retter geboren. Und plötzlich war bei dem Engel ein großes himmlisches Heer, das Gott lobte und sprach: Verherrlicht ist Gott in der Höhe, und auf Erden ist Friede bei den Menschen seiner Gnade.
Lk 2, 8–14

(Die Kerzen der Engel werden an der Kerze des Verkündigungsengels angezündet und zu ihr gestellt, die Hirtenkerzen werden um die Engelkerze aufgestellt, aber noch nicht angezündet.)

Lied

Es kam ein Engel hell und klar (GL 138)

Da sagten die Hirten zueinander: Kommt, wir gehen nach Betlehem, um zu sehen, was uns der Herr verkünden ließ. So gingen sie hin und fanden Maria und Josef und das Kind, das in der Krippe lag. Als sie es sahen, erzählten sie, was ihnen über dieses Kind gesagt worden war. Sie kehrten zurück, rühmten und priesen Gott. Maria aber bewahrte alles, was geschehen war, in ihrem Herzen und dachte darüber nach.
Lk 2, 15–20

(Die Hirtenkerzen werden an der Engelkerze angezündet.)

SprecherIn: Denken wir darüber nach, was uns dieses Kind bedeutet *(Stille)* und singen wir dann voll Freude miteinander:

Lied

Nun freut euch, ihr Christen (GL 143)

Abschlussgebet

Herr Jesus Christus, alle, die sich um deine Krippe versammeln, sind eine große Gemeinschaft, deren Mitte du bist. Wir wollen dich immer mehr zur Mitte unseres Lebens machen. Möge unser Glaube so sein, dass dadurch auch andere Menschen zur dir finden! Stärke uns in diesem Bemühen heute und alle Tage und in alle Ewigkeit. Amen.

Weihnachtssegen

Selige Tage der Weihnacht,
in denen uns die Engel verkünden,
dass uns der Heiland geboren ist,
der den Frieden bringt.

Selige Tage der Weihnacht,
in denen uns die Hirten einladen,
ihnen zu folgen, um das Kind zu finden,
das in uns neu geboren werden will.

Selige Tage der Weihnacht,
in denen uns der Lichtglanz des Himmels
auf dem staubigen Angesicht der Erde
neu aufstrahlt und uns verwandelt.

Selige Tage der Weihnacht,
in denen uns die frohe Botschaft
ans Herz gelegt wird, dass Gott sich
mit uns anfreunden und verbünden will.

Selige Tage der Weihnacht,
in denen Menschen sich beschenken,
um zu zeigen, was sie
einander bedeuten.

Selige Tage der Weihnacht,
in denen viele sich neu besinnen,
was der menschenfreundliche Gott
uns heutigen Menschen schenkt.
Paul Weismantel

Ausklang

Ich danke allen für diese besinnliche Stunde. Vor allem ein herzliches Dankeschön denen, die diese Feier mit vorbereitet und mit gestaltet haben. Nun setzen wir uns noch gemütlich zusammen zu einer weihnachtlichen Kaffeetafel.

Segne den ersten und den letzten Tag dieses Jahres
Neujahr im Seniorenkreis

Thema

Der Beginn des neuen Jahr ist Anlass zu vielen Reden und Wünschen. Im Gegensatz zu so mancher nichtssagenden Neujahrsrede können wir uns auf die Zusicherung Gottes verlassen, dass er immer mit uns sei. Diese Zusicherung ist der tiefste und eigentliche Grund froh-besinnlich das neue Jahr zu beginnen.

Vorbereitung
- Zylinder und Neujahrssymbole aus Papier für den / die NeujahrsrednerIn
- Schleier und Neujahrssymbole aus Papier für die Neujahrsfee
- Glücksklee für den / die NeujahrsrednerIn und die Glücksfeen
- Glückskekse für alle (siehe Rezept)
- Wünsche für die Glückskekse (Kopiervorlagen)
- Reisetasche (Wunschtasche)
- Symbole für die Wünsche, die in die Reisetasche gepackt werden.

Besondere Aufgaben
- NeujahrsrednerIn (mit Zylinder und Neujahrssymbolen aus Papier auf der Jacke)
- Zwei Neujahrsfeen (mit Neujahrssymbolen auf dem Schleier)

Sitzordnung
- Kreis (gestaltete Mitte: Wunschtasche)
- Kaffeetische

Dauer

60 bis 90 Minuten

Einführung

Heute wollen wir in unserem Kreis den Beginn des Neuen Jahres feiern. Herzlich willkommen! Zum Bestandteil einer jeder Neujahrsfeier gehören eine Neujahrsansprache und Neujahrswünsche. Für die Neujahrsansprache haben wir heute zu uns Herrn / Frau N.N. eingeladen. Er / sie hat sich lange überlegt, was er / sie uns für das ganze neue Jahr sagen könnte. Bitte Herr / Frau N.N., kommen Sie in unsere Mitte. Wir sind schon sehr gespannt auf das, was Sie uns zum Jahresbeginn sagen möchten.

Neujahrsansprache

Ich geh' davon aus, meine Damundherrn:
Im neuen Jahr wird's ernst und das erfordert Mut.
Ich sag's, wie es ist, und ich sag es nicht gern:
Man kann nur was ändern, indem man was tut.
Wir alle wissen: Jetzt kommt es drauf an,
die Dinge richtig zu sehen.
Wir wissen es,
es weiß wohl auch jedermann,
und wir sagen auch, wo wir stehen.
Ganz ohne Polemik, meine Damundherrn:
Wir müssen uns heuer entscheiden.
Polarisierung liegt uns zwar fern,
doch lässt sie sich auch nicht vermeiden.
So ist es nun mal, und das sagen wir frei.
Jetzt gilt es, dem Anfang zu wehren,
und sicher tut es auch Not dabei,
ganz offen die Fronten zu klären.
Wir wollen … wir müssen …
Wir halten nicht inne.
Ich danke Ihnen. In diesem Sinne!

Ja, in diesem Sinne danken wir unserem Neujahrsredner / unserer Neujahrsrednerin für die wirklich passenden und weiterführenden Worte! Vielen Dank! Als kleine Aufmerksamkeit dürfen wir Ihnen einen Glücksklee überreichen. Wir wünschen Ihnen damit viel Glück für Ihre Tätigkeit, vor allem das Glück, immer die richtigen Worte und das richtige Publikum für Ihre Reden zu finden. Gerne laden wir Sie ein, noch bei uns zu bleiben, denn wir wollen jetzt Ihre Gedanken zum neuen Jahr bedenken und überlegen, was sie konkret für uns und unseren Kreis bedeuten. Dazu helfen uns unsere beiden Glücksfeen. Bitte, kommen Sie zu mir! Hier in der Mitte steht eine Tasche. Es ist unsere Neujahrstasche. Eine Glücksfee holt daraus die Symbole für unsere Neujahrswünsche, die andere erläutert diese.

Neujahrswünsche
Wasser und Brot
Die ersten Wünsche symbolisieren Wasser und Brot. Beides brauchen wir zum Leben. Das Brot gibt uns Kraft, ohne Wasser gibt es kein Leben. Wir wünschen, dass alle Menschen haben, was sie zum Leben brauchen. Wir wünschen fürs neue Jahr auch, dass wir immer wieder zu neuen Kräften kommen, wenn wir erschöpft

sind, und dass es uns gelingt, anderen Mut und Kraft zu zusprechen, wenn sie es brauchen.

Salz
Auch Salz ist lebenswichtig. Es würzt, konserviert, gibt Geschmack und enthält viele andere notwendige Dinge. Im neuen Jahr – so wünschen wir – soll nicht jeder Tag gleich verlaufen, sondern soll unser Leben spannend bleiben. Gutes und Bewährtes möge erhalten bleiben, doch soll es uns nicht daran hindern, etwas auszuprobieren, einen Schritt weiter zu gehen, etwas Neues zu versuchen, Kritik sowohl einzubringen als auch auszuhalten.

Blumentopf
Blumen machen das Leben schöner. Wir wünschen schöne Stunden und Begegnungen, an die wir lange denken. Wir wünschen, dass es gelingt, mehr auf die schönen Seiten des Lebens zu schauen, als auf die unangenehmen, mehr über das zu sprechen, was uns freut, als zu jammern, und vor allem dankbar zu sein für das Gute und Schöne, das uns umgibt.

Kerzen
Kerzen verwenden wir beim Gottesdienst und Gebet, bei feierlichen und bei alltäglichen Anlässen. Sie sprechen von unserer Sehnsucht nach Wärme und Geborgenheit, sie sprechen vom Für-einander-da-sein, vom Licht-sein und vom Licht-schenken. Im neuen Jahr möge uns immer ein Licht scheinen! Es möge uns aber auch gelingen, selbst Licht zu sein und Wärme zu schenken.

Kreuz
Wir glauben an Jesus, der sich für uns einsetzt, der mit uns geht, der uns beim Kreuztragen hilft; wir glauben, dass mit Jesus auch unser Kreuz einen guten Ausgang nehmen wird. Daher betrachten wir das Kreuzzeichen nicht nur als Symbol für Leid und Schmerz, sondern auch als Plus-Zeichen. Wer glaubt und sich an Jesus hält, hat ein Plus – nicht nur fürs neue Jahr, sondern fürs ganze Leben.

Engel
»Der Herr befiehlt seinen Engeln, dich zu behüten auf all deinen Wegen«, heißt es im Psalm 91. Wir freuen uns über diese Zusage, die uns und alle, an die wir denken, und alle, denen wir gute Wünsche übermitteln wollen, mit Zuversicht ins neue Jahr gehen lässt. Unser Wunsch ist: die Nähe Gottes immer zu spüren.

Kalender

365 Tage hat das neue Jahr. Jeder davon ist ein Geschenk Gottes. Sehen wir in jedem Tag ein Geschenk, eine neue Chance und versuchen wir, die Möglichkeiten zu nutzen, die er uns bietet!

Neujahrskarte

Diese Glückwunschkarte ist noch unbeschrieben. Sie lädt alle ein, den bisher ausgesprochenen Wünschen noch den einen oder anderen dazuzufügen.

Abschluss

Wir danken unseren Glücksfeen ganz herzlich. Nun stellen wir das neue Jahr, seine Alltäglichkeiten und Selbstverständlichkeiten, aber auch alles, was wir erwarten und was wir uns wünschen, alles, was wir planen und uns vornehmen, unter den Schutz Gottes – denn ohne ihn wird uns nichts gelingen. Wir singen miteinander das Lied:

Lied

Von guten Mächten wunderbar geborgen (EGB 637, Tr 717)

Segen

Zum Abschluss sprechen wir noch ein Segenswort:

Gott, segne den ersten Tag dieses Jahres und den letzten.
Segne die Stunden, die du uns schenkst.
Was wir berühren,
was wir hören,
was wir sehen,
was wir sprechen,
soll gesegnet sein.

Gott, halte uns in deinen Händen,
lass uns nicht aus deinen Augen,
nimm uns an dein Herz.
Heute und an allen Tagen dieses Jahres
begleite uns und alle, die uns verbunden sind, dein Segen. Amen.

Ausklang

Wir stoßen nun auf das Neue Jahr an. Es gibt heute Sekt, Orangensaft, Glückskekse und andere gute Sachen.

Rezept: Glückskekse

Zutaten: (für etwa 40 Stück): 250 g Mehl, 1 TL Salz, 10 g Hefe, ½ TL Kristallzucker, 3 EL Olivenöl.

Zubereitung: Mehl und Salz gut vermengen, die Hefe und den Zucker mit 1/8 l lauwarmem Wasser verrühren und alles mit dem Öl zu einem glatten Teig verkneten. Den Teig zugedeckt 30 Min. gehen lassen. Die Wünsche mit dem Computer schreiben, ausdrucken, in Streifen schneiden und zusammenfalten. Jeden Streifen zusätzlich in Backpapier einschlagen, damit er nicht fettig wird; den Teig dünn ausrollen und Scheiben von ca. 6 cm Durchmesser ausstechen. Jede Scheibe mit einem Wunsch belegen, zusammenklappen und auf ein Backblech legen. Die Kekse mit Olivenöl bestreichen, mit Käse und Kümmel (Paprika, Pfeffer, Mohn) bestreuen. Im vorgeheizten Rohr bei 200 Grad etwa 12 Minuten backen.

Alternative zu den Glückskeksen

Mit den Segensworten Schriftröllchen gestalten und verteilen.

Segensworte für die Glückskekse

Ich bin mit dir, ich behüte dich, wohin du auch gehst. (Genesis 28, 15)

Der Herr segne und behüte dich! (Numeri 6, 24)

Gott sei uns gnädig und segne uns! (Psalm 67)

Es segne uns Gott, alle Welt fürchte und ehre ihn! (Psalm 67)

Gott, wie köstlich ist deine Huld! (Psalm 36)

Herr, sei du mein Helfer! (Psalm 30)

Der Gott der Hoffnung erfülle euch mit aller Freude und mit allem Frieden. (Römer 15, 13)

Sei stark in der Gnade, die dir in Jesus Christus geschenkt ist! (2 Timotheus 2, 1)

Der Herr sei mit deinem Geist! Die Gnade sei mit euch! (2 Timotheus 4, 22)

Ich wünsche, dass unser gemeinsamer Glaube in dir wirkt. (Philemon 6)

Wachset in der Gnade und Erkenntnis unseres Herrn und Retters Jesus Christus! (2 Petrus 3, 18)

Friede sei mit dir! (3 Johannes 15)

Wir sind gekommen, ihn anzubeten
Ein Nachmittag zum Fest der Erscheinung des Herrn

Thema
Das Fest der Erscheinung des Herrn ist mit reichhaltigem Brauchtum verbunden, das in manchen Gegenden bis heute mit Liebe gepflegt wird. Es hat aber auch viele inhaltliche Aspekte, die den, der sich damit auseinandersetzt, vor ganz existentielle Lebens- und Glaubensthemen stellt (sich auf den Weg machen, suchen, finden, orientieren, glauben). Um einige dieser Themen geht es im folgenden Vorschlag.

Vorbereitung
*   Arbeitsblatt mit Text Mt 2,1–12 und den Erläuterungen zum Evangelium
*   Großer Stern aus Goldfolie
*   Eine Kerze, die in der Mitte des Sternes brennt.
*   Teelichter oder kleine Kerzen für alle
*   Liedertexte (Kopiervorlagen)

Besondere Aufgaben
*   SprecherIn zum Vorlesen des Evangeliums
*   SprecherIn zum Vortragen des Meditationstextes

Sitzordnung
*   Kreis (gestaltete Mitte: Stern mit Kerze)
*   Tischgruppen oder Kaffeetafel

Dauer
90 Minuten

Lied
Ein Stern mit hellem Brande (siehe Kopiervorlagen)

Einführung
In diesen Tagen feier(te)n wir das Fest der Erscheinung des Herrn. Die griechische Bezeichnung dafür ist »Epiphanie« und bedeutet so viel wie: »Ich zeige mich«, »ich lasse mich sehen«, »ich erscheine«. Überlegen Sie jetzt einmal, was folgende Redewendungen für Sie bedeuten: »Ich lasse mich sehen«, oder: »Ich zeige mich«, oder: »Mir erscheint«. Wir sprechen gleich in der Gruppe darüber.

(*Nach einem kurzen Austausch:*) Wir haben nun ausgetauscht, wie es uns mit dem Wort »Erscheinung« geht. Um das Evangelium zu verstehen, müssen wir noch klären, was dort als »Epiphanie« oder »Erscheinung« verstanden wird. Zunächst bezeichnete man als »Epiphanie« die Erscheinung einer Gottheit. Als der römische Kaiser als Gott verehrt wurde, bezeichnete man vor allem in den Ostprovinzen des Reiches, dem heutigen Nahen Osten, den Besuch des Kaisers, ja sogar das Aufstellen seines Standbildes, als göttliche Erscheinung. Man warf sich vor ihm mit dem Ruf »Kyrie eleison« auf den Boden, verbrannte zum Zeichen der Huldigung Weihrauch und betete an. Der Evangelist Matthäus stellt mit dieser Begebenheit bereits am Anfang seines Evangeliums klar, dass Jesus der Gott ist, dem Anbetung zukommt, nicht der Kaiser.

Evangelium

Nehmen wir jetzt den Text des Evangeliums Mt 2, 1–12 zur Hand (*siehe Kopiervorlage*). Wer ist so nett und liest vor?

Erklärungen zum Evangelium

Wir erarbeiten uns den Text des Evangeliums. Wer / was wird erwähnt? Wer spielt welche Rolle? Worum geht es? Sie können meine Erläuterungen auf dem ausgeteilten Arbeitsblatt mitverfolgen!

Sterndeuter

Im griechischen Text steht Magier. Gemeint sind damit die Angehörigen einer persischen Priesterkaste, die sich mit Astronomie und Astrologie befasste. Zu »Königen« werden sie in Anlehnung an die Stelle Jes 60, 3 (»Völker wandern hin zu deinem Licht und Könige zu deinem strahlenden Glanz«) und Ps 72, 10 f. (»Die Könige von Tarschisch und von den Inseln bringen Geschenke, die Könige von Saba und Seba kommen mit Gaben«). Dass es drei Könige gewesen sein müssen, erschloss man aus den drei Geschenken. Im Frühmittelalter tauchen ihre Namen auf und wird ihr Aussehen beschrieben: Kaspar ist ein bartloser junger Mann, Melchior ein bärtiger Greis und Balthasar hat eine dunkle Hautfarbe. Seit dieser Zeit gelten sie auch als Vertreter der drei damals bekannten Erdteile und als Repräsentanten der Lebensalter.

Herodes

Das Verhalten des Herodes ist widersprüchlich. Einerseits verfällt er in Schrecken, andererseits gibt er vor, den neugeborenen König anbeten zu wollen. Schwer verständlich ist, warum er erst durch die Magier von diesem erfährt. Den historischen

Tatsachen entspricht, dass Herodes unberechenbar und grausam sein konnte – was auch V 12 andeutet.

Stern
Sterne zeigen die Himmelsrichtungen an und bieten daher Orientierung. Im alten Orient waren sie auch Zeichen göttlicher und königlicher Würde. Jesus ist der wirkliche König nicht nur Israels, sondern aller Menschen. Während sich Israel vor ihm verschließt, suchen ihn die Heiden.

Jesus
Um die Frage, wer Jesus ist, geht es im ganzen Abschnitt.

Maria
Wird nur in einem Nebensatz erwähnt. Ein kleines Kind braucht die Mutter in seiner Nähe. Offen bleibt die Frage, warum Josef, der vorher und nachher eine Rolle spielt, hier nicht erwähnt wird.

Geschenke
Gold ist Symbol für unvergängliches Königtum. Jemandem Gold zu schenken, bedeutete, ihm zu huldigen. Wenn die Magier Jesus Gold bringen, dann anerkennen sie ihn damit als ihren Herrn.
Weihrauch wird als Rauch- und Duftopfer zur Verehrung der Götter verwendet. Hier ist er Symbol für Anbetung und Verehrung.
Myrrhe ist Grundlage für Heil- und Konservierungsmittel. Myrrhenöl wurde verwendet bei besonders schlecht heilenden Wunden sowie für die Einbalsamierung von Toten. Damit wollte man die Hoffnung auf ein Leben nach dem Tod ausdrücken. Myrrhe ist auch ein sinnvolles Geschenk für einen Arzt. Sie weist hin auf Jesus als Heiland und Retter.

Traum
In der Antike ist der Traum eine Möglichkeit göttlicher Offenbarung. Gott spricht im Traum zu einem Menschen, um diesem etwas Wichtiges mitzuteilen oder etwas Rätselhaftes zu erklären. Im Matthäusevangelium ist das mehrmals der Fall.

Aktualisierung des Evangeliums
Das Evangelium enthält Anknüpfungspunkte zu unterschiedlichen Gesprächsthemen. Wir setzen uns nun in kleineren Gruppen zusammen, um einige Themen genauer anzuschauen (je nach Situation allen Gruppen dasselbe Thema stellen oder Gruppen zu den verschiedenen Themen bilden; siehe Kopiervorlagen):

1. Lebensgeschichte

Seit dem Mittelalter sind die Drei Könige Symbole der Lebensabschnitte Jugend, Lebenshöhe und Alter.

Jugend: Junge Menschen suchen ein Ideal. Sie möchten »nach den Sternen greifen«, suchen etwas, an dem sie sich orientieren können, sind für alles offen. Was aus ihnen wird, wofür sie sich entscheiden, hängt oft von einer Begegnung ab.

Lebenshöhe: Menschen auf der »Höhe des Lebens« sind vom Alltag so in Beschlag genommen, dass sie den Blick auf den Stern, ihre früheren Ideale, verlieren. Sie stoßen an Grenzen, müssen Rückschläge einstecken, suchen nach neuen Sinnangeboten, weil die ihrer Jugend nicht gehalten haben, oder resignieren.

Alter: Alten Menschen sind Rolle und Funktion nicht mehr so wichtig. Auf den Darstellungen hat der alte König oft seine Krone abgenommen. Er hat gefunden, was er sein Leben lang gesucht hat. Er kniet nieder vor einem größeren, der sich klein macht, dem die Maßstäbe dieser Welt nichts bedeuten, ja, der sie umkehrt.

Sprechen Sie in der Gruppe über folgende Fragen:
1. Welche Ideale, Vorbilder, Begegnungen Ihrer Kindheit oder Jugend sind Ihnen bis heute wichtig?
2. Was war Ihnen im aktiven Leben wichtig? Welche Rolle spielte dabei Jesus?
3. Wie werten Sie Ihr bisheriges Leben und wo setzen Sie jetzt Schwerpunkte?

2. Mein Gott ist …

In der jüngeren Vergangenheit gab es Systeme, die für sich einen göttlichen Anspruch erhoben, denen – wie Herodes – jedes Mittel recht war, um ihre Macht zu erhalten. Wer sich ihnen nicht unterwarf oder sich mit ihnen nicht arrangierte, wurde verfolgt und musste Mittel und Wege finden, ihnen zu entkommen. Dies gelang, wie wir wissen, nur selten.

Besprechen Sie in der Gruppe:
1. Eigene Erlebnisse oder Erfahrungen mit totalitären Systemen.
2. Die Konsequenzen, die sich daraus für Ihren Glauben und Ihr Leben ergeben haben.
3. Was sollte Ihrer Meinung nach geschehen, damit sich so etwas nicht wiederholt?

3. Mission – Brauchtum

Das Fest der Erscheinung kennt ein reichhaltiges Brauchtum: Sternsingen, den Segen für Häuser und Wohnungen, die Wasserweihe, manche Missionswerke greifen den Gedanken der Heidenmission auf.

Tauschen Sie sich in der Gruppe aus über:

1. Welches Brauchtum kennen Sie? Was steht Ihrer Meinung nach mit dem Evangelium im Zusammenhang, was nicht?
2. Neben dem Gedanken der Heidenmission tritt immer stärker auch der Gedanke der Mission im eigenen Land. Welche Chancen und Möglichkeiten liegen dafür in diesem Fest?
3. Welcher Gedanke über das Erscheinungsfest ist Ihnen heute wichtig geworden?

Abschluss in der Großgruppe
Jetzt sollten wir unsere Gespräche abrunden. Setzen wir uns dazu nochmals im Kreis zusammen und singen wir das Lied:

Lied
Stern über Bethlehem (siehe Kopiervorlagen)

Dank und Fürbitte
Hier in der Mitte sind ein großer Stern und eine Kerze. Der Stern ist ein Bild für die Sehnsucht der Menschen nach etwas Größerem: Nach Licht, nach einem Ziel, nach Gott. Die drei Weisen haben ihr Ziel gefunden – Jesus. Viele Menschen – auch Menschen in unserer Umgebung – suchen nach dem Sinn und Ziel ihres Lebens. An diese Menschen wollen wir nun denken, für sie einen Wunsch aussprechen, dabei ein Licht anzünden und zu der Kerze auf den Stern stellen. Natürlich sind wir dazu einander behilflich! Dabei können wir auch an die Menschen denken, die uns Vorbild, Halt, Wegweiser sind und für sie danken.
»Ich zünde ein Licht an und bete für …«

Meditation
Wir schließen unser Gebet ab mit einem Meditationstext, der unsere Gedanken, Bitten und Wünsche, aber auch unseren Dank nochmals zusammenfasst.

Suchen und finden
Suchen und finden,
den Weg durch die Wüste,
über manchen Umweg,
vom Stern geführt,
im Traum bestätigt.

Gesucht und gefunden,
das Haus des Lebens,
das Kind und die Mutter,
die Wiege des Lebens,
das Ziel der Sehnsucht.

Suchen und finden,
den Ort, wo die Kronen abgelegt,
die Knie gebeugt,
die Hände gefaltet,
die Herzen weit geöffnet werden.

Gesucht und gefunden,
die dargebrachten Schätze,
das Gold der Sehnsucht,
den Weihrauch der Hingabe,
die Myrrhe der Schmerzen.

Suchen und finden,
den anderen Heimweg
durch unbekannte Gefilde,
doch mit einer Zuversicht im Herzen,
die unwiderruflich ist für immer.

Gesucht und gefunden,
die wahre Größe,
die sich zeigt in der Zuneigung,
wo die Schenkenden
reich Beschenkte sind.
Paul Weismantel

Lied
Mache dich auf und werde licht (siehe Kopiervorlagen)

Ausklang
Zum heutigen festlichen Anlass gehört natürlich auch eine festliche Kaffeetafel. Ich danke allen, die sie vorbereitet haben, und wünsche noch einen schönen Nachmittag.

Kopiervorlagen

Arbeitsblatt mit dem Text des Evangeliums und den Impulsen

Als Jesus zur Zeit des Königs Herodes in Betlehem in Judäa geboren worden war, kamen Sterndeuter aus dem Osten nach Jerusalem und fragten: Wo ist der neugeborene König der Juden? Wir haben seinen Stern aufgehen sehen und sind gekommen, um ihm zu huldigen. Als König Herodes das hörte, erschrak er und mit ihm ganz Jerusalem. Er ließ alle Hohenpriester und Schriftgelehrten des Volkes zusammenkommen und erkundigte sich bei ihnen, wo der Messias geboren werden solle. Sie antworteten ihm: In Betlehem in Judäa; denn so steht es bei dem Propheten: Du, Betlehem im Gebiet von Juda, bist keineswegs die unbedeutendste unter den führenden Städten von Juda; denn aus dir wird ein Fürst hervorgehen, der Hirt meines Volkes Israel. Danach rief Herodes die Sterndeuter heimlich zu sich und ließ sich von ihnen genau sagen, wann der Stern erschienen war. Dann schickte er sie nach Betlehem und sagte: Geht und forscht sorgfältig nach, wo das Kind ist; und wenn ihr es gefunden habt, berichtet mir, damit auch ich hingehe und ihm huldige. Nach diesen Worten des Königs machten sie sich auf den Weg. Und der Stern, den sie hatten aufgehen sehen, zog vor ihnen her bis zu dem Ort, wo das Kind war; dort blieb er stehen. Als sie den Stern sahen, wurden sie von sehr großer Freude erfüllt. Sie gingen in das Haus und sahen das Kind und Maria, seine Mutter; da fielen sie nieder und huldigten ihm. Dann holten sie ihre Schätze hervor und brachten ihm Gold, Weihrauch und Myrrhe als Gaben dar. Weil ihnen aber im Traum geboten wurde, nicht zu Herodes zurückzukehren, zogen sie auf einem anderen Weg heim in ihr Land.
Lk 2, 1–12

Gruppe 1: Lebensgeschichte
1. Welche Ideale, Vorbilder, Begegnungen Ihrer Kindheit oder Jugend sind Ihnen bis heute wichtig?
2. Was war Ihnen im aktiven Leben wichtig? Welche Rolle spielte dabei Jesus?
3. Wie werten Sie Ihr bisheriges Leben und wo setzen Sie jetzt Schwerpunkte?

Gruppe 2: Mein Gott ist ...
1. Eigene Erlebnisse oder Erfahrungen mit totalitären Systemen.
2. Die Konsequenzen, die sich daraus für Ihren Glauben und Ihr Leben ergeben haben.
3. Was sollte Ihrer Meinung nach geschehen, damit sich so etwas nicht wiederholt?

Gruppe 3: Mission – Brauchtum

1. Welches Brauchtum kennen Sie? Was steht Ihrer Meinung nach mit dem Evangelium im Zusammenhang, was nicht?
2. Neben den Gedanken der Heidenmission tritt immer stärker der der Mission im eigenen Land. Welche Chancen und Möglichkeiten liegen dafür in diesem Fest?
3. Welcher Gedanke über das Erscheinungsfest ist Ihnen heute wichtig geworden?

Mache dich auf und werde licht

T/M: Kommunität Gnadenthal, © Präsenz-Verlag, D-65597 Gnadenthal

Ein Stern mit hellem Brande

1. Ein Stern mit hel - lem Bran - de drei Kö - nig rief ge-schwind aus fer - nem Mor - gen - lan - de zum neu - ge - bor - nen Kind; sie brach - ten rei - chen Sold und op - fer - ten mit Freu - den ihm Weih- rauch, Myr - rhen, Gold.

2. Jerusalem, erstehe, Stadt Sion werde Licht.
Dass Rettung dir geschehe, schau Gottes Angesicht.
Des Heiles Wunderstern erstrahlt in deiner Mitte:
die Herrlichkeit des Herrn.

3. Anbetend sinken nieder vor ihm die Großen all.
Ihm dienen freudig wieder die Völker allzumal.
O König, höchstes Gut. Nimm hin auch unsre Liebe,
Leib, Seele, Werk und Blut.

4. Lob, Ehr sei Gott dem Vater, dem Sohn und Heilgen Geist.
Maria, Gottes Mutter, uns gnädig Hilfe leist,
und bitt dein liebes Kind, dass es durch seine Güte
zu Hilf uns komm geschwind.

T: Karl B. Frank, St. Pölten, Meßsingbuch, Klosterneuburg 1936
M: »Es ist ein Ros entsprungen«

Stern über Bethlehem

1. Stern ü-ber Beth-le-hem, zeig uns den Weg; führ' uns zur Krip-pe hin, zeig, wo sie steht; leuch-te du uns vor-an, bis wir dort sind: Stern ü-ber Beth-le-hem, führ' uns zum Kind.

2. Stern über Bethlehem, nun bleibst du stehn,
   und lässt uns alle das Wunder hier sehn,
   das da geschehen, was niemand gedacht,
   Stern über Bethlehem, in dieser Nacht.

3. Stern über Bethlehem, wir sind am Ziel,
   denn dieser arme Stall birgt doch so viel!
   Du hast uns hergeführt, wir danken dir.
   Stern über Bethlehem, wir bleiben hier!

4. Stern über Bethlehem, kehrn wir zurück,
   steht noch dein heller Schein in unserm Blick,
   und was uns froh gemacht, teilen wir aus,
   Stern über Bethlehem, schein auch zu Haus!

T/M: Alfred Hans Zoller, © Gustav Bosse Verlag, Kassel

Dem Herrn begegnen
Feierstunde zu Maria Lichtmess

Thema
Maria Lichtmess ist ein Fest, das sich einer gewissen Popularität erfreut. Gleichzeitig enthält es wichtige Aussagen des Glaubens über den alten Menschen. Zumindest einige dieser Aussagen sollen hier erarbeitet und verinnerlicht werden.

Vorbereitung
*   Ikone vom Fest der Darstellung des Herrn (eingescannt oder von der Vorlage auf Folie)
*   Für jede(n) ein Teelicht in einem Marmeladeglas
*   Die Lichter brennen im Raum verteilt.
*   Liedtext (Taizé 17)
*   Text für SprecherIn

Besondere Aufgaben
*   SprecherIn für das Evangelium
*   HelferIn, der / die den Projektor bedient.

Sitzordnung
*   Halbkreis, so dass alle gut auf eine Projektionswand sehen.

Dauer
60 bis 90 Minuten

Einführung
Wir feiern »Darstellung des Herrn«, volkstümlich »Maria Lichtmess«, im christlichen Osten »Begegnung« genannt. Vor allem auf diesen letztgenannten Titel wollen wir heute näher eingehen. Er richtet unsere Aufmerksamkeit auf den Tempel, in dem zwei alte Menschen auf Jesus treffen. Diese Begegnung wird für sie zum entscheidenden Augenblick ihres Lebens. Bevor wir uns weiter über das Fest Gedanken machen, bitte ich Sie, mit dem rechten und dem linken Nachbarn zusammenzurücken und sich über folgende Fragen auszutauschen:

*   Gibt es Augenblicke, die ich nicht verpassen möchte?
*   Was löst der Gedanke »Ich begegne Jesus« in mir aus?

Kurzes Gespräch mit den Sitznachbarn.

Bildbetrachtung

Jetzt zeige ich Ihnen ein Bild, das unsere Gedanken weiterführt. Es ist die Ikone des Festes der Darstellung des Herrn. Lassen wir sie erst eine Weile auf uns wirken! Hören wir dann das dazu gehörende Evangelium und sprechen wir dann über die Ikone.

Frau N.N. liest uns jetzt das Evangelium vor.

Evangelium

Für Maria kam der Tag der vom Gesetz des Mose vorgeschriebenen Reinigung. Sie brachten das Kind nach Jerusalem hinauf, um es dem Herrn zu weihen, gemäß dem Gesetz des Herrn, in dem es heißt: Jede männliche Geburt soll dem Herrn geweiht sein. Auch wollten sie ihr Opfer darbringen, wie es das Gesetz des Herrn vorschrieb: ein Paar Turteltauben oder zwei junge Tauben. In Jerusalem lebte damals ein Mann namens Simeon. Er war gerecht und fromm und wartete auf die Rettung Israels, und der Heilige Geist ruhte auf ihm. Vom Heiligen Geist war ihm offenbart worden, er werde den Tod nicht schauen, ehe er den Messias des Herrn gesehen habe. Jetzt wurde er vom Geist in den Tempel geführt; und als die Eltern Jesus hereinbrachten, um zu erfüllen, was nach dem Gesetz üblich war, nahm Simeon das Kind in seine Arme und pries Gott mit den Worten: Nun lässt du, Herr, deinen Knecht, wie du gesagt hast, in Frieden scheiden. Denn meine Augen haben das Heil gesehen, das du vor allen Völkern bereitet hast, ein Licht, das die Heiden erleuchtet, und Herrlichkeit für dein Volk Israel … Damals lebte auch eine Prophetin namens Hanna, eine Tochter Penuels, aus dem Stamm Ascher. Sie war schon hochbetagt. Als junges Mädchen hatte sie geheiratet und sieben Jahre mit ihrem Mann gelebt; nun war sie eine Witwe von vierundachtzig Jahren. Sie hielt sich ständig im Tempel auf und diente Gott Tag und Nacht mit Fasten und Beten. In diesem Augenblick trat sie hinzu, pries Gott und sprach über das Kind zu allen, die auf die Erlösung Israels warteten.
Lk 2, 22–32,36–38

Schauen wir uns jetzt die Ikone an. Was sehen wir dargestellt? (*Die Gruppe zu Redebeiträgen einladen!*) Ganz oben die Beschriftung: Begegnung mit unserem Herrn Jesus Christus. Im Hintergrund den Tempel und vor dem Tempel die Personen, die im Evangelium erwähnt sind: links Josef mit den Tauben, dann Hanna mit einer Schriftrolle in der Hand, die sie als Prophetin kennzeichnet, dann – in der Bildmitte – Maria. Sie hat gerade dem Simeon, der etwas abgesetzt von den anderen auf einer Stufe steht, das Jesuskind in die Hände gegeben. Mit einer tiefen Verbeugung hat er es in die Hände genommen. An seinem Blick ist abzulesen, dass der

Augenblick gemalt ist, an dem Simeon erkennt, dass er den Messias in den Händen hält, auf den er so lange gewartet hat. Bald darauf wird er sein Loblied singen. Zwischen Simeon und Jesus herrscht ein intensiver Gedankenaustausch. Was haben sich die beiden wohl zu sagen? Wenn wir daran denken, Gott kommt auf uns zu – dann erschrecken wir oder verspüren zumindest Unruhe und Besorgnis. Warum wohl? Wir denken an den Gott, der alles sieht, der das Gute belohnt und das Böse bestraft, der über uns richtet und urteilt. Simeon ist nichts von alledem anzusehen. Im Gegenteil. Er hält sogar seinen Gott in den Händen – einen Gott, der nicht mit großem Getöse, sondern als Kind auf den Menschen zukommt. Was aber besagt das Zeichen des Kindes? In der Welt der Bibel ist ein Kind das Zeichen von Gottes Nähe und Zuwendung. An ein Kind knüpfen sich Hoffnungen und Erwartungen, es beansprucht aber auch seinen Platz. So ist es auch mit Gott. Er kommt in die Welt. Er beansprucht den Platz, der ihm zukommt, wer ihm diesen Platz einräumt, braucht sich vor ihm nicht zu fürchten, sondern kann an dieses Kommen Hoffnungen und Erwartungen knüpfen. Die Hoffnung des Simeon ist, dass Jesus alles – auch sein, des Simeons, Leben – und das Schicksal der Menschen zu einem guten Ende bringt. Jetzt spürt er: Mein Warten hat sich gelohnt. Der Augenblick, an dem Jesus kommt, ist der Wichtigste meines Lebens, denn mein zu Ende gehendes Leben erhält neuen Sinn und Wert. Jesus stellt es auf eine andere Ebene. Er geht ein in die Freude seines Herrn. Darum kann Simeon sein Lied singen, denn wo Jesus ist, da verbreitet sich Freude.

Gemeinsames Gebet
Auch wir wollen jetzt den Herrn loben und preisen. Wir sprechen einige Anrufungen und singen dazwischen den Vers: »Meine Hoffnung und meine Freude«.

Liedruf
Meine Hoffnung und meine Freude (Taizé 17)

V: Herr Jesus Christus, du bist das Wort, das Gott zur Welt gesprochen hat.
A: Dich loben wir, dich preisen wir.

V: Du bist als Mensch erschienen, du wurdest unser Bruder.
A: Dich loben wir, dich preisen wir.

V: Du kündest uns den Vater, du zeigst uns seine Liebe.
A: Dich loben wir, dich preisen wir.

Liedruf

V: Dein Wort ist Licht und Wahrheit, ein Weg für unser Leben.
A: Dich loben wir, dich preisen wir.

V: Du schaust ins Herz der Menschen, du bist uns Freund und Lehrer.
A: Dich loben wir, dich preisen wir.

V: Du bist in die Welt gekommen, um uns das Licht zu bringen.
A: Dich loben wir, dich preisen wir.

Liedruf

V: Du kennst die Mühen unseres Lebens, du bist uns nah als Helfer.
A: Dich loben wir, dich preisen wir.

V: Du trägst die Not der Menschen, du wandelst Leid in Segen.
A: Dich loben wir, dich preisen wir.

V: Du bist der gute Hirt, du sorgst dich um die deinen.
A: Dich loben wir, dich preisen wir.

Liedruf

V: Du bist unser Herr, dir können wir vertrauen.
A: Dich loben wir, dich preisen wir.

V: Deine Nähe lässt uns leben, dein Geist schenkt uns Mut.
A: Dich loben wir, dich preisen wir.

V: Du kommst und machst alles neu.
A: Dich loben wir, dich preisen wir.

V: Herr Jesus Christus, du bist unsere Hoffnung, unsere Stärke und unser Licht. Unsere Freude ist es, zu dir zu gehören heute und alle Tage und in alle Ewigkeit. Amen.

Abschluss

Zum Abschluss tanzen wir einen Lichtertanz. Wer dazu nicht aufstehen möchte, der bleibt einfach sitzen, man kann diesen Tanz auch im Sitzen tanzen. Wir kennen den Kanon: »Mache dich auf und werde licht« (siehe Vorschlag »Wir sind gekommen, ihn anzubeten«).

Jeder und jede nimmt sich eines von den Lichtern, die hier im Raum brennen. Wir singen den Kanon zunächst einstimmig und machen dazu mit dem Licht Bewegungen:

Mache dich auf und werde licht!
Das Licht in beiden Händen halten, zuerst in die Höhe, dann wieder hinunter führen.

Mache dich auf und werde licht!
Das Licht mit der rechten Hand im Halbkreis nach rechts und zurück zur Mitte führen.

Mache dich auf und werde licht,
Das Licht mit der linken Hand im Halbkreis nach links und zurück zur Mitte führen.

denn dein Licht kommt.
Das Licht mit beiden Händen nach vorne und zurück führen.

Ausklang
Kaffee und traditionelles Festgebäck zu Lichtmess: Crepes (Kreppchen), Waffeln und Pfannkuchen.

Begegnung mit unserem Herrn Jesus Christus

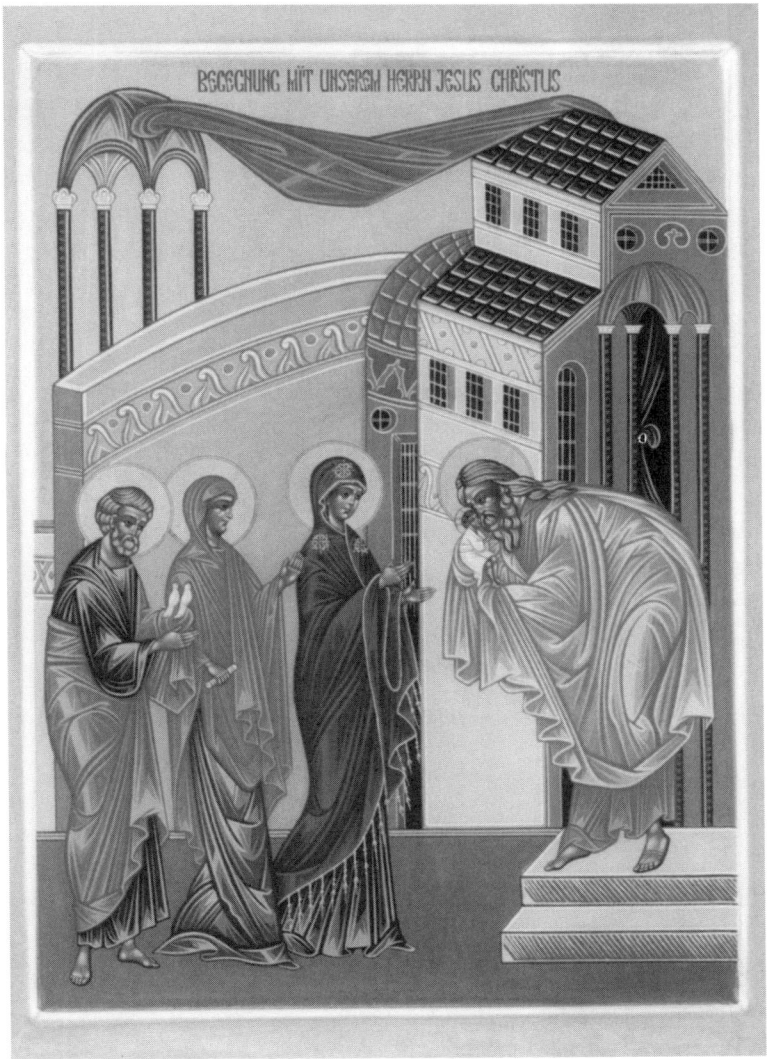

Ikone aus der Kirche des Heiligen Nikolaus, Abtei Niederaltaich
© Förderverein Byzantinische Kirche, D-94557 Niederaltaich

Ich schätze an dir und danke dir
Der Valentinstag im Seniorenkreis

Thema
Auch in den Seniorenkreisen hat sich der Brauch, am Valentinstag Blumen zu schenken, verbreitet. Viele möchten daher wissen: Wer war der heilige Valentin? Was hat Valentin mit Blumen zu tun und was hat zu dem Brauch geführt, am Valentinstag Blumen zu schenken? Warum ist er der Patron der Verliebten und der Brautleute? Von selbst stellt sich dann die Frage, wie ein Seniorenkreis den Valentinstag sinnvoll gestalten kann. Im Vordergrund stehen die Themen Angenommensein, Liebe, Freundschaft, Wertschätzung.

Vorbereitung
- Ein großer, bunter Blumenstrauß (für die Mitte)
- Valentinsherz (aus Lebkuchen- oder Mürbteig) und Blumenstrauß für Frau Valentini
- Lebkuchen- oder Mürbteigherzen für alle
- Liedtext (Kopiervorlage)

Besondere Aufgaben
- Anfertigung der Papierblumen
- Herr Valentinus, Chefredakteur der »Pfarrnachrichten«
- Frau Valentini, Professorin für Kirchengeschichte

Sitzordnung
- Kreis
- Tischgruppen für den Abschluss

Dauer
90 Minuten

Einstieg
Seit einigen Jahren wird überall Valentinstag gefeiert – bei uns ein noch junger Brauch, über den wir gerne mehr wissen möchten. Daher beschäftigen wir uns heute einmal ausführlicher damit. Damit unsere Informationen wirklich aus erster Hand sind, haben wir Frau Professor Valentini zu uns gebeten. Wir freuen uns über ihr Kommen, denn sie ist eine angesehene Fachfrau für die Geschichte der Heiligen. Der Chefredakteur unserer »Pfarrnachrichten«, Herr Valentinus, wird anlässlich des Valentinstages mit ihr ein Interview führen.

Interview über den Valentinstag

Frau Professor Valentini! Was wissen wir vom heiligen Valentin? Hat es einen solchen überhaupt gegeben? Wenn ja, wann hat er gelebt? Was gibt es Besonders aus seinem Leben zu erzählen?

Frau Professor Valentini (V.): Der Valentin, dessen Gedenktag der 14. Februar ist, war Bischof von Terni in Italien. Er erlitt 286 in Rom den Märtyrertod und wurde an der Via Flaminia bei Terni begraben. Über sein Leben wissen wir – wie auch über das von anderen Heiligen dieser Zeit – nicht viel. Im 8. Jh. entstand eine Kirche über seinem Grab. Reliquien von ihm werden auch in Worms und in Kiedrich im Rheingau aufbewahrt.

Wenn der heilige Valentin dargestellt wird, wird er als Bischof dargestellt. Gibt es aber ein besonders Attribut, durch das man ihn von anderen Bischöfen unterscheiden kann?

V.: Dargestellt wird Valentin als Bischof, oft zusammen mit Körperbehinderten und Epileptikern. In Kirchen und Museen findet man schon solche Darstellungen von ihm.

Dass Valentin als Bischof dargestellt wird, ist klar. Warum aber zusammen mit Behinderten?

V.: In der Legenda aurea, einer ausführlichen Darstellung des Lebens der Heiligen, die im Mittelalter zusammengestellt wurde, steht, dass Valentin ein blindes Mädchen heilte. Daher gilt er als Patron der Jugend. Aber auch bei Krankheiten, insbesondere bei Seuchen, Ohnmachtsanfällen und Epilepsie, wird er angerufen. Historisch können wir dazu nichts nachweisen, aber sehr oft haben diese Überlieferungen einen wahren Kern.

Frau Professor Valentini, wie kommt es nun zu dem Brauch, am Valentinstag Blumen zu schenken?

V.: Auf diese Frage habe ich natürlich gewartet. Die Antwort darauf führt uns zu einem ganz interessanten Kapitel der Kirchen- und Liturgiegeschichte. Aus dem Leben des Heiligen ergeben sich keinerlei Anhaltspunkte für diesen Brauch. Um diesem auf die Spur zu kommen, müssen wir einen Blick auf die Geschichte des Festes Maria Lichtmess werfen.

Das hätte ich nicht erwartet. Was hat Maria Lichtmess mit dem heiligen Valentin zu tun?

V.: Ja, Herr Valentinus! Maria Lichtmess wurde nicht immer am 2. Februar gefeiert, sondern in der frühen Zeit der Kirche einige Jahrhunderte lang am 14. Februar.

Und wie kam es dazu?

V.: Maria Lichtmess ist der 40. Tag nach dem Weihnachtsfest. Im Lukasevangelium steht, dass nach den »Tagen der Reinigung« Maria und Josef Jesus in den Tempel brachten. Die »Tage der Reinigung« waren die 40 Tage, die auf die Geburt eines Kindes folgten. Rechnet man diese ab dem 25. Dezember, kommt man auf den 2. Februar. Nun ist aber der 6. Januar der ältere Weihnachtstermin, der erst später vom 25. Dezember verdrängt wurde. Rechnet man die 40 Tage der Reinigung ab dem 6. Januar, fällt Maria Lichtmess auf den 14. Februar. Mit der Verlegung des Weihnachtsfestes auf den 25. Dezember hat man folgerichtig auch das Fest Maria Lichtmess verlegt.

Das sagt aber noch nichts darüber, verehrte Frau Professor, warum sich am Valentinstag alle Welt Blumen schenkt und warum er der Tag der Verliebten oder der Brautleute ist!

V.: Lassen Sie es mich erklären, Herr Valentinus! In den Gottesdienstformularen für Maria Lichtmess gibt es eine Antiphon, die »Brautgesang« genannt wird. Sie lautet: »Schmücke dein Brautgemach, Zion; Christus, den König, nimm auf. Umfange Maria; sie ist die Pforte des Himmels; sie trägt ja den König neu leuchtender Glorie. Dort steht die Jungfrau; auf ihren Händen bringt sie den Sohn, gezeugt vor dem Morgenstern. Simeon nimmt ihn auf seine Arme und verkündet den Völkern: Das ist der Herr über Leben und Tod, der Heiland der Welt!« Diese Antiphon wurde trotz der Verlegung des Lichtmesstages noch lange am 14. Februar weiter gesungen. Zumindest aber hat sich die Erinnerung daran behalten.

Na gut, Frau Professor, die Braut hätten wir ja dann schon einmal, wenn auch eher am Rande. Aber die Verliebten und die Blumen?

V.: Der Zusammenfall des Gedenktages des Valentin von Terni mit dem alten Termin von Maria Lichtmess und den liturgischen Gesängen dieses Festes ist der Grund, warum am 14. Februar der Gedanke von Braut und Brautleuten, damit natürlich auch von Liebe und Verliebtsein zum Thema wurden und der Tagesheilige Valentin zum Patron der Verliebten, der Verlobten und für eine gute Heirat geworden ist. Seit dem Ende des 14. Jh. wird dieser Tag in Frankreich, Belgien und England zum »Tag der Brautleute«, an dem Valentinsgrüße, auf Herzen gemalt oder geschrieben, ausgetauscht werden. Seit etwa 1950 verbreitete sich dieser Brauch mit Riesenschritten auch bei uns. Seitdem sind jedes Jahr um den 14. Februar die Blumengeschäfte leer gekauft.

Frau Professor, im Namen aller danke ich Ihnen für dieses interessante Gespräch – wie es heute nicht anders sein kann – mit einem Valentinsherz und einem Blumenstrauß.

Blumen-Metaphorik
Nach diesem Ausflug in die Kirchengeschichte kehren wir wieder zurück in die Gegenwart. Ein bunter Blumenstrauß steht in unserer Mitte. Man kann einige Parallelen zwischen dem Leben einer Blume und dem eines Menschen finden:

*   In der Sonne blühen die Blumen auf – Sonne für den Menschen sind Liebe, Vertrauen, Anerkennung …
*   Bei Regen wurzeln die Blumen ein und wachsen sie – Regen für den Menschen sind Halt, Gemeinschaft, Vertrauen …
*   Bei Kälte verschließen sie sich und bleiben sie geschlossen – Kälte für den Menschen sind Streit, Hass, Ablehnung …
*   Bei Trockenheit lassen sie den Kopf hängen – Trockenheit für den Menschen sind Engstirnigkeit, Feindseligkeit, Vorurteile …

Versuchen wir jetzt, diese Gedanken auf uns anzuwenden und nehmen wir uns jetzt Zeit für ein Gespräch in kleinen Gruppen zu folgenden Fragen:

Gespräch in Kleingruppen
*   Meine Erfahrungen mit diesen Beobachtungen. Was kann ich tun, um »Blumen« richtig zu pflegen?
*   Es gibt auch ein Zuviel an Sonne oder Regen. Was bewirkt das? Wie kann man davor schützen?
*   Wo verschließe ich mich? Wo kann ich wachsen und aufblühen? Wann lasse ich den Kopf hängen?

Bibelgedanken zum Abschluss
Kommen wir bitte nochmals in den Kreis zusammen! Ich möchte Ihre Gedanken noch mit einigen Bibelgedanken abrunden. Jesus hat einmal die Menschen mit

Blumen verglichen und gesagt, die Menschen sind kostbarer und vielfältiger als Blumen (Lk 27–31). Jeder Mensch hat seinen Wert und ist auf seine Weise schön. Vielfalt und Verschiedenheit sorgen für Abwechslung, Spannung, Leben. Weil wir so unterschiedlich sind, uns gegenseitig ergänzen und bei aller Verschiedenheit zusammengehören, sagen wir heute »danke«.

Danke
In der Mitte steht ein großer Blumenstrauß. Ich lade Sie ein, daraus eine Blume zu nehmen, diese jemandem in unserer Runde weiter zu schenken und dabei zu sagen, was Sie an ihm oder ihr schätzen und wofür Sie ihm / ihr danken.

Abschluss
Wir singen zum Abschluss noch ein Lied, das zum heutigen Tag passt: »Alle Knospen springen auf«. Der Text steht auf dem Blatt, das ich jetzt austeile.

Lied
Alle Knospen springen auf (siehe Kopiervorlagen)

Ausklang
Zum Kaffee gibt es heute Valentinsherzen. Ich wünsche allen noch einen schönen Nachmittag!

Alle Knospen springen auf

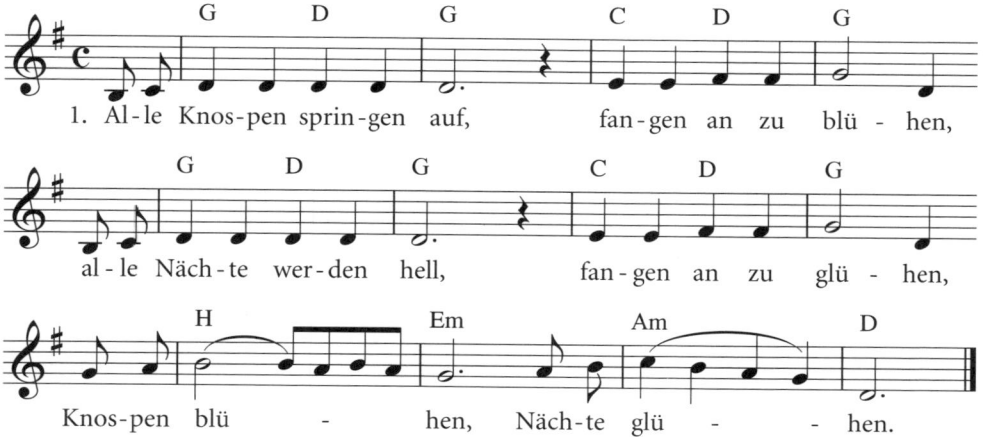

2. Alle Menschen auf der Welt fangen an zu teilen, alle Wunden nah und fern fangen an zu heilen. Menschen teilen, Wunden heilen, Knospen blühen, Nächte glühen.

3. Alle Augen springen auf, fangen an zu sehen. Alle Lahmen stehen auf, fangen an zu gehen. Augen sehen, Lahme gehen, Menschen teilen, Wunden heilen, Knospen blühen, Nächte glühen.

4. Alle Stummen hier und da fangen an zu grüßen. Alle Mauern tot und hart werden weich und fließen. Stumme grüßen, Mauern fließen, Augen sehen, Lahme gehen, Menschen teilen, Wunden heilen, Knospen blühen, Nächte glühen. Alle Knospen springen auf, fangen an zu blühen.

T: Wilhelm Willms, M: Ludger Edelkötter
© KiMu Kinder Musik Verlag GmbH, 45219 Essen

Besondere Anlässe

Von Herzen alles Gute

Geburtstag feiern im Seniorenkreis

Thema

Zu den immer wiederkehrenden Feiern im Seniorenkreis gehören die Geburtstage. Besteht in einer Pfarrei kein fester Seniorenkreis, dann erfolgt zumindest die Einladung zu einer Geburtstagsmesse mit anschließendem gemütlichem Beisammensein. Darüber hinaus gibt es weitere Möglichkeiten, den älteren Pfarrangehörigen zum Geburtstag zu gratulieren, z. B. durch Glückwunschbriefe, Gratulationsbesuche, einer Notiz im Pfarrblatt oder eine Fürbitte bei der Sonntagsmesse. Ganz besonders wichtig und ein Höhepunkt im ganzen Jahr ist der Geburtstag für Heimbewohnerinnen und -bewohner. Folgende Modelle berücksichtigen verschiedene Ausgangssituationen.

Vorbereitung

* Materialien für Wunschkoffer und Wunschbaum

Besondere Aufgaben

* Herr Professor Biblikus
* Frau Professor Historia
* Die Fragen stellt die Leiterin des Nachmittags.

Sitzordnung

* Sitzkreis oder Kinobestuhlung (bei sehr großer Gruppe)
* Geburtstagstafel

Dauer

90 Minuten

Geburtstag und Geburtstagsfeier in der Bibel: Interview

LeiterIn: Ich begrüße alle, die heute zu unserer Geburtstagsfeier gekommen sind ganz herzlich: zunächst unsere Geburtstagskinder, dann unsere Gäste. Weiters begrüßen wir Frau Professor Historia (H.) und Herrn Professor Biblikus (B.), die sich freundlicherweise heute Zeit genommen haben, uns zu einem Gespräch zur Verfügung zu stehen. In unserem Seniorenkreis feiern wir ja regelmäßig Geburtstage. Immer wieder wird dabei danach gefragt, was in der Bibel über Geburtstage und Geburtstagsfeiern steht. Wir freuen uns, dass Sie, Frau Professor Historia, von Seiten der Kirchengeschichte und Sie, Herr Professor Biblikus, als Bibelwissenschaftler uns heute darüber Auskunft geben. Gleich die erste Frage an Sie, Herr Professor: Feierten die Menschen der Bibel Geburtstag oder gab es das nicht?

B.: Die Geburt eines Kindes war im alten Israel immer Grund zu Freude. Sie wurde den Verwandten, Nachbarn und Freunden bekannt gegeben. Anlass zu einer Feier, zu der alle zusammenkommen, ist allerdings die Namensgebung des Kindes, eine Woche nach der Geburt. Dies ist ja heute bei uns auch noch so. Anlass einer größeren Feier ist weniger die Geburt, als die Taufe eines Kindes.

LeiterIn: In der Bibel werden oft Hochzeitsfeiern erwähnt. Geburtstagsfeiern fallen mir jetzt gerade keine ein …

B.: Die Juden feierten den Geburtstag kaum. Wohl deshalb sind in der Bibel nur zwei Geburtstagsfeiern erwähnt und beide – entschuldigen Sie, aber es ist so – im Zusammenhang mit einer Hinrichtung.

LeiterIn: Und um welche Geburtstage handelt es sich da?

B.: Einmal lässt der ägyptische Pharao während seiner Geburtstagsfeier seinen Hofbäcker aufhängen (Gen 40, 20–22) und Johannes der Täufer wird während der Geburtstagsparty des Herodes enthauptet (Mt 14, 6–10). Ich möchte Ihnen jetzt die Feierstimmung nicht verderben! Tatsache ist aber, dass sich auch die Christen zunächst schwer taten mit Geburtstagsfeiern. Das gehört dann schon in den Bereich der Kirchengeschichte. Bleiben wir noch bei der Bibel. Im Johannesevangelium ist die Rede von der Neugeburt des Menschen, die kraft der Auferstehung Jesu, durch die Taufe ermöglicht wird (Joh 3, 3–5). Der Tod ist nicht mehr das Ende des Lebens, sondern eher ein zweiter Geburtstag, nämlich der für das Leben, das keiner mehr nehmen kann. Paulus betont das immer wieder. Dieser Gedanke nimmt dem Tod sicher etwas von seinem trostlosen Charakter, ist deshalb aber noch lange nicht der Anlass zu einer Feier.

LeiterIn: Danke, Herr Professor Biblikus! Ich darf nun Sie, Frau Professor Historia, fragen: Wie war das bei den ersten Christen: Feierten diese ihren Geburtstag oder nicht?

H.: In den ersten 300 Jahren wohl nicht. Der Herr Kollege hat ja schon angedeutet, dass die Christen mit Geburtstagsfeiern nicht so wirklich etwas anfangen konnten. Das hat auch mit dem Kaiserkult der Römer zu tun, denn der Geburtstag des Kaisers wurde als Erscheinung eines Gottes in der Welt gefeiert. Das widersprach natürlich dem christlichen Glauben. Daher stellten sie den Sterbetag eines Christen als dessen »Geburtstag für den Himmel« heraus.

LeiterIn: Ich erinnere mich an Inschriften auf antiken christlichen Gräbern, z. B. in den Katakomben in Rom. Das steht: »Gestorben zum Leben« oder etwas Ähnliches. Der Gedenktag eines Heiligen, der im Kalender steht, ist ja auch dessen Sterbetag, Frau Professor?

H.: Ja, der Sterbetag des Heiligen ist der Tag, an dem der Mensch »zum neuen Leben geboren wird«, wie es in Gottesdienstformularen heißt, oder »hinübergeht vom Leben zum Leben.« Am Sterbetag eines Christen versammelt sich daher die Gemeinde an seinem Grab, denkt an sein Leben und feiert die Eucharistie, denn durch sie wird deutlich, dass Gott das Leben des Menschen in alle Ewigkeit möchte.

LeiterIn: Irgendwann aber muss ein Umdenken eingesetzt haben. Wir feiern doch auch Maria Geburt oder das Fest der Geburt Johannes des Täufers?

H.: Sie haben Recht. Ein Umdenken setzt ein, als im 4. Jh. das Weihnachtsfest als Fest der Geburt Christi entstand – die christliche Antwort auf das Fest des Unbesiegten Sonnengottes. Damit schwinden langsam die Bedenken der Kirche gegenüber der Feier des Geburtstages. Am Beispiel von Johannes dem Täufer und der Gottesmutter lässt sich zudem herausstellen, dass jeder Mensch von Gott gewollt ist und eine Funktion und Aufgabe im Plan Gottes mit der Welt hat.

LeiterIn: Wir müssen leider zum Ende kommen. Herr Professor Biblikus, welchen Satz der Bibel möchten Sie unseren Geburtstagskindern heute mit auf dem Weg geben?

B.: Da gibt es viele passende Verse. Mir persönlich gefällt der gut, der davon spricht, dass alle, die dem Herrn vertrauen, immer wieder Kraft und Lebensmut erhalten. Er lautet: »Die dem Herrn vertrauen, schöpfen neue Kraft, sie bekommen Flügel wie Adler. Sie laufen und werden nicht müde, sie gehen und werde nicht matt.« (Jes 40, 31)

LeiterIn: Können Sie, Frau Professor, uns einen Bibeltext nennen, dem Sie in der Kirchengeschichte immer wieder begegnen und der für Sie wie ein Geburtstagswunsch ist?

H.: Natürlich! Ich finde den sogenannten Aaronsegen aus dem Buch Numeri, Kapitel 6, Verse 24–27 passend: »Der Herr segne und behüte dich …« Der heilige Franziskus hat ihn oft verwendet, um jemanden ganz persönlich zu segnen. Desgleichen auch die heilige Klara. Die Textfassung der heiligen Klara ist noch persönlicher als die Originalfassung aus dem ersten Testament. Ich möchte Ihnen diese gerne mitgeben: »Der Herr segne dich und behüte dich. Er zeige dir sein Angesicht und erbarme sich deiner. Er wende dir sein Antlitz zu und schenke dir den Frieden. Der Herr sei mit dir zu allen Zeiten, und gebe Gott, dass du allezeit in ihm seiest.«

LeiterIn: Im Namen aller danke ich Ihnen, Frau Professor Historia und Ihnen, Herr Professor Biblikus, ganz herzlich für das Gespräch. Ihr Schlusswort leitet schon über zum nächsten Punkt unserer Geburtstagsfeier. Wir wollen jetzt unseren Geburtstagskindern gratulieren.

Aus den Möglichkeiten zum Gratulieren wird eine ausgewählt.

Wunschkreis
Alle sitzen im Kreis, das Geburtstagskind muss kurz den Raum verlassen. Nun überlegen die Gratulanten, was sie diesem fürs neue Lebensjahr wünschen können. Dann rufen sie das Geburtstagskind wieder herein, bitten es, sich in den Kreis zu stellen, und jeder / jede sagt ihm der Reihe nach seinen / ihren Wunsch.

Wunschkoffer
Bereits einige Tage vor der Geburtstagsfeier denken sich alle einen Wunsch für das Geburtstagskind aus und besorgen kleine Symbolgeschenke. Alle Geschenke werden in einen Koffer verpackt (Rucksack, Tasche, Korb) und bei der Geburtstagsfeier überreicht. Beispielsweise kann der Wunschkoffer enthalten:
- *Vierblättrigen Klee als Symbol für Glück auf dem weiteren Lebensweg.*
- *Ein Lebkuchenherz als Zeichen für die Freundschaft, die mit ihm verbindet.*
- *Einen Kräutertee, der hilft, die Gesundheit zu erhalten.*
- *Eine Flasche Wein für frohe Stunden.*
- *Einen Schutzengel als Begleiter durchs neue Lebensjahr.*
- *Einen persönlichen Segen.*
- *Eine passende Spruchkarte.*
- *Ein Schmuckblatt mit der Unterschrift aller Gratulanten.*

Wunschbaum
Alle bringen einen Wunsch mit, der auf einen farbigen Karton geschrieben ist. Bei der Geburtstagsfeier lesen alle ihre Wünsche vor und hängen sie an einen Zweig oder an eine Zimmerpflanze. Die zum Wunschbaum gewordene Pflanze erhält der / die Gefeierte als Geschenk.

Abschluss
Geburtstagsständchen mit einem gemeinsamen Lied

Ausklang
Tafel mit Geburtstagskuchen

Erfüllt von der Treue Gottes
Geburtstagsfeier am Bett

Vorüberlegungen

Angehörige, MitarbeiterInnen und MitbewohnerInnen der Pflegestation besprechen einige Tage vorher die Gestaltung des Geburtstages: Wie viele BesucherInnen sind zu erwarten? Ist etwas Besonderes bereitzustellen (Blumenvasen, zusätzliche Sitzgelegenheiten)? Wenn mehrere BesucherInnen zu erwarten sind, darauf achten, dass nicht alle auf einmal kommen, sondern über den Tag verteilt.

Die ersten bringen ein selbst gestaltetes Türschild mit der Aufschrift »Herzlich willkommen« für die Außenseite der Türe mit, sowie eine Collage »Herzliche Glückwünsche«, die in der Nähe des Bettes befestigt wird. Eine weitere Collage übernimmt die Funktion eines »Gästebuches«. Sie wird an der Innenseite der Türe angebracht. JedeR BesucherIn trägt sich darauf ein und schreibt oder zeichnet einen Glückwunsch.

Vorbereitung

*   Türschild »Herzlich Willkommen«
*   Collage »Herzliche Glückwünsche«
*   Collage »Gästebuch«
*   Filzstifte
*   Klebstreifen

Ablauf

Die ersten BesucherInnen bringen die Collagen mit und befestigen diese an den dafür vorgesehenen Plätzen.

Am späteren Vormittag gibt es ein Geburtstagsprogramm, das Angehörige, Personal, MitbewohnerInnen und BesucherInnen gestalten: eine Geschichte vorlesen, ein Gedicht aufsagen, gemeinsam ein Lied singen, ein Geburtstagsständchen, Geburtstagspost überreichen bzw. vorlesen, ein kleiner Umtrunk.

Am Nachmittag ist Zeit für weitere Besucher, zur Kaffeezeit gibt es ein Stück Geburtstagskuchen. Den Tag beschließt eine kleine Besinnung mit meditativer Musik, einem Gebet und einem Segen.

Heute-Segen

Heute erfülle dich
und die Menschen,
die dir begegnen,
die Kraft Gottes.

Heute bewahre dich
und die Menschen,
mit denen du lebst,
die Hand Gottes.

Heute beseele dich
und die Menschen,
die dir verbunden sind,
der Atem Gottes.

Heute stärke dich
und die Menschen,
die für dich da sind,
die Vorsehung Gottes.

Heute tröste dich
und die Menschen,
um die du dich sorgst,
die Treue Gottes.

Heute und an jedem Tag,
den du erleben wirst,
sei der Segen Gottes
in dir und mit dir,
um dich und über dir.
Paul Weismantel

Kleine Aufmerksamkeiten der Pfarrei zum Geburtstag von Senioren

*   *Glückwunschschreiben*
*   *Rubrik im Pfarrblatt: »Wir gratulieren«*
*   *Fürbitte in der Sonntagsmesse: Wir beten auch für die Jubilare dieser Woche. Herr, begleite sie mit deinem Segen.*

Wie die Vögel des Himmels
Geburtstagsgottesdienst

Thema

Die runden Geburtstage von Senioren sind in vielen Gemeinden Anlass zu einem Glückwunschschreiben und der Einladung zu einem Gottesdienst mit anschließender Geburtstagsfeier. Dieser Gottesdienst wird besonders sorgfältig vorbereitet, denn dazu sind auch
Seniorinnen und Senioren eingeladen, die nicht zu den regelmäßigen Gottesdienstbesuchern
zählen. Insofern ist auch gut zu überlegen, ob der Gottesdienst eine Eucharistiefeier oder eine
Wort-Gottes-Feier sein soll. Das hier vorgeschlagene Modell geht von einer Eucharistiefeier
aus, kann aber, wenn es passender erscheint, zu einer Wort-Gottes-Feier umgestaltet werden.

Vorbereitung

* Liedtexte (Kopiervorlagen)
* Psalm 111 für alle zum Mitbeten

Eingangslied

Ja, freuet euch im Herrn (Tr 26)

Einführung

Wir sind zusammengekommen, um einen frohen Anlass zu feiern, den Geburtstag
von N.N. Wir gratulieren ihnen, wollen für sie danken und in ihren Anliegen miteinander beten. Ein Geburtstag ist aber nicht nur Anlass zu Freude und Dank,
sondern auch zur Besinnung. Wir schauen zurück auf das, was war, und fragen
nach dem, was kommen wird. Das Vergangene vertrauen wir unserem Herrn an.
Er möge es wachsen und reifen lassen. Das Kommende wollen wir im Vertrauen
auf sein Erbarmen annehmen. Wir singen gemeinsam das Kyrie-Lied.

Kyrie-Lied

Meine engen Grenzen (siehe Vorschlag »Wer an mich glaubt, wird leben«)

Tagesgebet

Gott, was wir sind und haben, kommt von dir. Wir blicken heute zurück auf das
Auf und Ab vieler Lebensjahre. Wir danken dir für alles Gute und Schöne, das wir
erlebt haben. Wir bringen dir alles, was uns in diesen Jahren Schwierigkeiten bereitet und vor manches Rätsel gestellt hat. Lass uns daran wachsen und reifen und

vollende du das gute Werk, das du selbst in uns begonnen hast, durch Christus, unseren Herrn. Amen.

Lesung
Sie bekommen Flügel wie Adler

Weißt du es nicht, hörst du es nicht? Der Herr ist ein ewiger Gott, der die weite Erde erschuf. Er wird nicht müde und matt, unergründlich ist seine Einsicht. Er gibt dem Müden Kraft, dem Kraftlosen verleiht er große Stärke. Die Jungen werden müde und matt, junge Männer stolpern und stürzen. Die aber, die dem Herrn vertrauen, schöpfen neue Kraft, sie bekommen Flügel wie Adler. Sie laufen und werden nicht müde, sie gehen und werden nicht matt.
Jesaja 40, 28–31

Psalm 111
KV: Inmitten der Gemeinde preiset den Herrn!

Halleluja!
Den Herrn will ich preisen von ganzem Herzen
im Kreis der Frommen, inmitten der Gemeinde.
Groß sind die Werke des Herrn,
kostbar allen, die sich an ihnen freuen.

Er waltet in Hoheit und Pracht,
seine Gerechtigkeit hat Bestand für immer.

Er hat ein Gedächtnis an seine Wunder gestiftet,
der Herr ist gnädig und barmherzig.

Er gewährte seinem Volk Erlösung und bestimmte seinen Bund für ewige Zeiten.
Furchtgebietend ist sein Name und heilig.

Die Furcht des Herrn ist der Anfang der Weisheit; alle, die danach leben, sind klug.
Sein Ruhm hat Bestand für immer.
Ps 111, 1–4.9–10

KV: Inmitten der Gemeinde preiset den Herrn!

Evangelium
Von der rechten Sorge

Sorgt euch nicht um euer Leben und darum, dass ihr etwas zu essen habt, noch um euren Leib und darum, dass ihr etwas anzuziehen habt. Ist nicht das Leben wichtiger als die Nahrung und der Leib wichtiger als die Kleidung? Seht euch die Vögel des Himmels an: Sie säen nicht, sie ernten nicht und sammeln keine Vorräte in Scheunen; euer himmlischer Vater ernährt sie. Seid ihr nicht viel mehr wert als sie? Mt 6, 25–27

Lobpreis nach dem Evangelium

V: Wir loben dich, Herr, für dein Wort.

A: Wir loben dich, Herr, für dein Wort.
V: Dein Wort, o Herr, ist Licht für unser Leben.
A: Wir loben dich, Herr, für dein Wort.

A: Wir preisen dich, Herr, für dein Wort.
V: Dein Wort, o Herr, ist Ermunterung für unser Leben.
A: Wir preisen dich, Herr, für dein Wort.

A: Wir danken dir, Herr, für dein Wort.
V: Dein Wort, o Herr, ist Ermutigung für unser Leben.
A: Wir danken dir, Herr, für dein Wort.

Predigtanregung

Ist es nicht eine seltsame Botschaft, die Jesus uns heute sagt? Wo kämen wir denn hin, würden wir nur in den Tag hinein leben! Nur ein weltfremder Träumer legt die Hände in den Schoß und erwartet, dass alles von alleine geschieht. Aber wir sind Menschen, die Verantwortungsgefühl haben – für uns und für unsere Mitmenschen. Und außerdem: Wo sollten wir denn das Reich Gottes suchen, wenn nicht in der Welt? Da widerspricht sich doch Jesus, denn im gleichen Matthäusevangelium lesen wir, dass er im Mitmenschen, im Armen, Ausgegrenzten, Verachteten unter uns sei. Wir haben nichts gegen einen schönen Tag, an dem wir den alltäglichen Kleinkram einmal beiseite lassen, wie eben am Geburtstag. Aber immer geht das doch nicht!

Liebe Zuhörer und Zuhörerinnen, genau da sehe ich die Sinnspitze der Worte Jesu! Ein schöner Tag sagt uns doch, dass es außer dem täglichen Kleinkram, dass es außer Sorgen, Einschränkungen und Bedenken auch noch etwas anderes gibt. Er sagt uns, dass der Mensch nicht dazu auf der Welt ist, sich von Sorgen erdrücken zu lassen. In dieser Gefahr sind wir doch alle! Jesus hat nichts dagegen, wenn wir uns Gedanken machen über unser Leben, über unsere Alltagsgestaltung, über die Dinge, die jetzt »dran« sind. Doch er sagt auch: Passt auf, dass nicht der Alltag, Sorgen, unbefriedigende Situationen, nicht zu lösende Probleme euer Leben bestimmen. Lebt nicht einfach in den Tag hinein, aber vergesst bei allem Planen und Überlegen nicht, dass eure menschlichen Kräfte begrenzt sind und dass ihr nichts bewegen könnt, wenn ihr immer auf das schaut, was nicht ist. Wer das tut, dem muss es vorkommen, als habe ihn Gott verlassen. Doch in Wirklichkeit ist er so auf seine Sorgen und Nöte fixiert, dass ihm der Blick auf Gott und Gottes Nähe verstellt ist und dadurch sein Glauben und sein Vertrauen schwindet. Fehlender Glauben und fehlendes Vertrauen bescheren aber Gefühle der Sinnlosigkeit und führen im schlimmsten Fall in die Depression. Hier macht uns Jesus mit seinen Worten das Geburtstagsgeschenk Gottes, wenn er sagt: Ihr habt immer Sinn und Wert. Ihr seid wertvoller als die Vögel und Blumen und die vielen Wunder der Schöpfung. Jesaja hat es bereits in der Lesung angesprochen: »Die auf den Herrn vertrauen, haben neue Kraft.«

Zu Ihrem Geburtstag ist dies unser Wunsch: Wachsen Sie im Glauben und im Vertrauen. Bemühen Sie sich, zwischen notwendiger und unnötiger Sorge zu unterscheiden. Was Sie nicht lösen können, legen Sie in die Hände Gottes. Er wird Ihnen die Sorge abnehmen, denn er möchte nicht, dass Sie vor lauter Sorgen, Bedenken und Belastungen nicht mehr lachen können. Er ist ja nicht der Gott unserer Sorgen, sondern der Gott unserer Freude.

Fürbitten

Gott, du schenkst uns unsere Tage und Jahre, aus deiner Hand empfangen wir, was wir brauchen. Dennoch bitten wir dich:

- Um Liebe und Vertrauen: Wir bitten dich, erhöre uns!
- Um Frieden und Versöhnung: …
- Um Geduld und Kraft: …
- Um innere Ruhe und Gelassenheit: …
- Um Hoffnung und Zuversicht: …

Denn du bist in unserer Nähe und sorgst für uns, heute und alle Tage und in alle Ewigkeit. Amen.

Schlussgebet

Lebendiger Gott, wir danken dir nochmals für alles, was du uns tust. Dein Wort ist uns Wegweisung für unser Leben, dein Brot stärkt uns und gibt uns immer wieder Kraft. So können wir voll Vertrauen unseren Weg gehen, denn du bist bei uns, heute und alle Tage und in alle Ewigkeit. Amen.

Segenswort

Die Geburtstagskinder lade ich ein, sich zum Segen vor den Altar zu stellen.

Gott lasse seine Freundlichkeit über euch leuchten.
Er halte seine Hand schützend über eure Wege
und schenke euch viele Tage mit erfüllten Stunden.

Er wache über eurer Gesundheit
und gewähre euch alles,
was für Leib und Seele gut ist.

Tag für Tag lasse er euch wachsen
im Glauben, in der Hoffnung
und in der Liebe.

Dazu segne euch unser menschenfreundlicher Gott,
der Vater, der Sohn und der Heilige Geist. Amen.

Schlusslied

Ins Wasser fällt ein Stein (*Kopiervorlage*)

Ins Wasser fällt ein Stein

1. Ins Was-ser fällt ein Stein, ganz heim-lich, still und lei - se,_____ und ist er noch so klein, er zieht doch wei-te Krei - se._____ Wo Got - tes gro-ße Lie - be in ei - nen Men - schen fällt, da wirkt sie fort in Tat und Wort hi - naus in uns' - re Welt.

T/M: Kurt Kaiser (Originaltitel: Pass it on, deutsch: Manfred Siebald)
© Bud John Songs, adm. by Unisong Music Publishers B.V.
Rechte für D, A, CH: Hänssler-Verlag, D-71087 Holzgerlingen

Lobet den Herren, alle die ihn ehren
Morgenbetrachtungen zum Lied

Anliegen
Morgenlob, Dank, Tagesgestaltung mit Gott.
Im Gotteslob hat das Lied sieben Strophen. Daher eignet es sich zur Gestaltung von kurzen
Morgenbetrachtungen bei einer Seniorenwoche. Aus den Einzelbetrachtungen lässt sich aber
auch eine Andacht mit Liedbetrachtung zusammenstellen.

Vorbereitung
* Liedertext in Kopie (GL 671)

Besondere Aufgaben
* SprecherIn für die Betrachtungen

Sonntag
Eröffnung
V/A: Gott unser Vater, Lob und Dank sei dir für die Ruhe der Nacht!
V/A: Lob und Dank sei dir für diesen neuen Tag.
V/A: Lob und Dank sei dir für deine Liebe, Güte und Treue.

1. Strophe
Lobet den Herren alle, die ihn ehren;
lasst uns mit Freuden seinem Namen singen
und Preis und Dank zu seinem Altar bringen.
Lobet den Herren.

Betrachtung
Alle sollen sich freuen, die auf dich vertrauen, und sollen immerfort jubeln.
Ich will jauchzen und an dir mich freuen,
für dich, du Höchster, will ich singen und spielen.
Deinen Willen zu tun, mein Gott, macht mir Freude.
Ich will jubeln und über deine Huld mich freuen,
denn du hast mich durch deine Taten froh gemacht.
Alle sollen sich freuen, die auf dich vertrauen und sollen immerfort jubeln.

Gebet

Herr, schenke uns ein Herz, das offen ist für dein Wirken!

Segen

Es segne uns und den Tag, der vor uns liegt, Gott, der unsere Freude ist, der Vater, der Sohn und der heilige Geist.

Montag

Eröffnung

V/A: Gott unser Vater, Lob und Dank sei dir für die Ruhe der Nacht!

V/A: Lob und Dank sei dir für diesen neuen Tag.

V/A: Lob und Dank sei dir für deine Liebe, Güte und Treue.

2. Strophe

Der unser Leben, das er uns gegeben,
in dieser Nacht so väterlich bedecket
und aus dem Schlaf uns fröhlich auferwecket.
Lobet den Herren.

Betrachtung

Heute ist ein neuer Tag. Alles beginnt neu.
Heute überwinde ich meine Niedergeschlagenheit.
Heute schöpfe ich neuen Mut.
Heute vertraue ich mich neu Gott an.
Heute kann ich mich für die Fehler von gestern entschuldigen.
Heute gehe ich auf Menschen zu.
Heute setze ich mich für etwas ein.
Heute freue ich mich über die Schöpfung.
Ich freue mich und danke Gott, dass heute heute ist.

Gebet

Herr, lass uns die Chancen des Tages erkennen und nutzen!

Segen

Es segne uns und den Tag, der vor uns liegt, Gott unser Schöpfer, der Vater …

Dienstag

Eröffnung

V/A: Gott unser Vater, Lob und Dank sei dir für die Ruhe der Nacht!

V/A: Lob und Dank sei dir für diesen neuen Tag.

V/A: Lob und Dank sei dir für deine Liebe, Güte und Treue.

3. Strophe

Dass unsere Sinne wir noch brauchen können
und Händ und Füße, Zung und Lippen regen,
das haben wir zu danken seinem Segen.
Lobet den Herren.

Betrachtung

Gesegnet fühle ich mich
wenn ich meinen Atem spüre,
wenn mein Herz klopft,
wenn sich meine Augen öffnen.
Gesegnet fühle ich mich
wenn ich mit jemandem spreche,
wenn ich einen anderen sehe,
wenn sich meine Arme und Beine bewegen.
Gesegnet fühle ich mich
wenn mich Energie durchströmt,
wenn ich still werde,
wenn mir andere sagen: es ist gut, dass es dich gibt.

Gebet

Herr, lass uns froh und dankbar sein für alles, was uns gelingt!

Segen

Es segne uns und den Tag, der vor uns liegt, Gott, der Spender alles Guten, der Vater …

Mittwoch

Eröffnung

V/A: Gott unser Vater, Lob und Dank sei dir für die Ruhe der Nacht!

V/A: Lob und Dank sei dir für diesen neuen Tag.

V/A: Lob und Dank sei dir für deine Liebe, Güte und Treue.

4. Strophe

O treuer Hüter, Brunnen aller Güter,
ach, lass doch ferner über unser Leben
bei Tag und Nacht dein Gnad und Güte schweben.
Lobe den Herren.

Betrachtung

Wir beginnen diesen Tag im Wissen,
dass Gott uns liebt.
Wir leben diesen Tag in der Gewissheit,
dass Gott bei uns ist.
Wir wollen an diesem Tag
in Wort und Tat dafür danken.
Wir beschließen diesen Tag im Vertrauen, dass Gott
das Gute segnet, das er selbst in uns begonnen hat.

Gebet

Herr, bei allem, was sein mag, lass uns überzeugt sein von deiner Güte!

Segen

Es segne uns und den Tag, der vor uns liegt, der gütige Gott, der Vater …

Donnerstag

Eröffnung

V/A: Gott unser Vater, Lob und Dank sei dir für die Ruhe der Nacht!
V/A: Lob und Dank sei dir für diesen neuen Tag.
V/A: Lob und Dank sei dir für deine Liebe, Güte und Treue.

5. Strophe

Gib, dass wir heute, Herr, durch dein Geleite
auf unsern Wegen unverhindert gehen
und überall in deiner Gnade stehen.
Lobet den Herren.

Betrachtung

Lass uns verstehen, dass du da bist
– jetzt und heute,
lass uns daran denken,

198

dass wir alles von dir erwarten dürfen
– jetzt und heute,
dass du aber nie gegen unseren Willen handelst,
denn du gehst nicht für uns, sondern mit uns.

Gebet
Herr, mach uns bereit, zu geben und anzunehmen!

Segen
Es segne uns und den Tag, der vor uns liegt, Gott, der uns begleitet, der Vater …

Freitag
Eröffnung
V/A: Gott unser Vater, Lob und Dank sei dir für die Ruhe der Nacht!
V/A: Lob und Dank sei dir für diesen neuen Tag.
V/A: Lob und Dank sei dir für deine Liebe, Güte und Treue.

6. Strophe
Treib unsern Willen, dein Wort zu erfüllen;
hilf uns gehorsam wirken deine Werke,
und wo wir schwach sind, da gib du uns Stärke.
Lobet den Herren.

Betrachtung
Wenn mir der Mut fehlt
und die Zuversicht schwindet:
Herr, hilf!
Wenn meine Hoffnung schwankt
und mein Glaube wankt:
Herr, hilf!
Wenn ich keine Worte finde
und mich meine Kräfte verlassen:
Herr, hilf!

Segen
Es segne uns und den Tag, der vor uns liegt, Gott, der uns stärkt, der Vater …

Samstag

Eröffnung

V/A: Gott unser Vater, Lob und Dank sei dir für die Ruhe der Nacht!

V/A: Lob und Dank sei dir für diesen neuen Tag.

V/A: Lob und Dank sei dir für deine Liebe, Güte und Treue.

7. Strophe

Herr, du wirst kommen und all deine Frommen,
die sich bekehren, gnädig dahin bringen,
da alle Engel ewig, ewig singen:
Lobet den Herren.

Betrachtung

Gott, du lädst mich ein: Komm!
Deine ausgestreckte Hand sagt: Fürchte dich nicht!
In dieser Hand bist du geborgen und für immer gut aufgehoben.
Dieser Hand kann dich niemand entreißen.
Gott, in deine Hand lege ich alles.
Behalte mich in deiner Hand.
In deiner Hand ist alles gut.

Gebet

Herr, lass uns das Heute ernst nehmen und das Morgen aus deiner Hand erwarten!

Segen

Es segne uns und den Tag, der vor uns liegt, Gott, der alles zu einem guten Ende bringt, der Vater …

Du sollst ein Segen sein
Ökumenischer Gottesdienst zum Seniorentag

Thema

Mit UNO-Resolution 45/106 von 1990 wurde der 1. Oktober der »Internationale Tag der älteren Generation«. In Deutschland ist zudem der erste Mittwoch im April der Nationale Tag der älteren Generation. In den Kirchen geschieht Wesentliches durch und für Senioren und Seniorinnen. Daher sollte dieser Tag auch Anlass zu einer Darstellung ihrer Arbeit sein, möglichst auf regionaler Ebene und in ökumenischer Gemeinschaft. Dazu gehören ein Gottesdienst und eine Festveranstaltung.

Vorbereitung

* Liedtexte (Kopiervorlagen, Taizé 19)
* Texte für SprecherInnen

Besondere Aufgaben

* SprecherInnen für Lesung, Meditation, Fürbitten

Lied

Komm in unsre Mitte, o Herr (siehe Kopiervorlagen)

Einführung

Aus Anlass des Tages der älteren Generation haben wir, die Gemeinden N.N., zu einem gemeinsamen Gottesdienst und zu einer anschließenden Festveranstaltung eingeladen. Wir freuen uns, dass so viele dieser Einladung gefolgt sind! Wenn Pfarrgemeinden an diesem Tag einen Gottesdienst feiern, dann berührt das die Frage, welcher Platz den Seniorinnen und Senioren in den Gemeinden zukommt und welche Aufgabe sie dort wahrnehmen. Einen Hinweis erwarten wir uns dazu durch das Wort Gottes. Bevor wir dies hören und uns damit auseinandersetzen, besinnen wir uns darauf, dass wir alle Kinder des einen Vaters und Schwestern und Brüder unseres Herrn Jesus Christus sind. Zu diesem rufen wir im Kyrie:

Herr Jesus Christus, als Getaufte gehören wir alle zu dir, Alte und Junge, Große und Kleine: Herr, erbarme dich.
Durch die Taufe sind wir alle Geschwister und Kinder des einen Vaters: Christus, erbarme dich.
Die Taufe macht uns alle zum Tempel deines Heiligen Geistes: Herr erbarme dich.

Gebet

Lebendiger Gott! Aus unseren Gemeinden sind wir heute zusammengekommen, um dich zu loben und zu preisen und dein Wort zu hören. Wir danken dir, dass du uns liebst, wir danken dir, dass du uns brauchst. Wir danken dir, dass du für uns da bist und dass du immer wieder zu uns sprichst. Dein Geist soll uns führen und leiten – heute und alle Tage und in alle Ewigkeit. Amen.

Lied

Lasst uns miteinander (siehe Kopiervorlage)

Hinführung zur Lesung

Paulus streicht heraus, dass eine Gemeinde oder Gemeinschaft aus vielen unterschiedlichen Gliedern besteht. Alle haben eine Aufgabe und Funktion, die ihren Möglichkeiten entspricht. Es gibt kein »mehr oder weniger wertvoll«. Es kommt darauf an, diese Funktionen und Gaben vorbehaltlos und in der richtigen Einstellung einzusetzen.

Lesung

Wie wir an dem einen Leib viele Glieder haben, aber nicht alle Glieder denselben Dienst leisten, so sind wir, die vielen, ein Leib in Christus, als einzelne aber sind wir Glieder, die zueinander gehören. Wir haben unterschiedliche Gaben, je nach der uns verliehenen Gnade. Hat einer die Gabe prophetischer Rede, dann rede er in Übereinstimmung mit dem Glauben; hat einer die Gabe des Dienens, dann diene er. Wer zum Lehren berufen ist, der lehre; wer zum Trösten und Ermahnen berufen ist, der tröste und ermahne. Wer gibt, gebe ohne Hintergedanken; wer Vorsteher ist, setze sich eifrig ein; wer Barmherzigkeit übt, der tue es freudig. Eure Liebe sei ohne Heuchelei. Verabscheut das Böse, haltet fest am Guten! Seid einander in geschwisterlicher Liebe zugetan, übertrefft euch in gegenseitiger Achtung! Lasst nicht nach in eurem Eifer, lasst euch vom Geist entflammen und dient dem Herrn. Seid fröhlich in der Hoffnung, geduldig in der Bedrängnis, beharrlich im Gebet! Freut euch mit den Fröhlichen und weint mit den Weinenden! Vergeltet niemandem Böses mit Bösem! Seid allen Menschen gegenüber auf Gutes bedacht. Soweit es euch möglich ist, haltet mit allen Menschen Frieden!
Röm 12, 4–12.15.17–18

Meditation zur Lesung

(Eine Sprecherin und ein Sprecher lesen im Wechsel)
Gott hat mich geschaffen
damit ich etwas Bestimmtes für ihn tue.
Er hat eine spezielle Arbeit für mich,
die er für keinen anderen bestimmt hat.

Ich habe meine Mission.
Vielleicht werde ich es nie in meinem Leben erfahren,
aber ich werde es im nächsten Leben wissen.

Ich bin ein Glied in der Kette.
Ein Band der Verbindung zwischen Personen.
Gott hatte einen Grund, mich zu erschaffen.

Ich werde Gutes tun.
Ich werde seine Aufgabe erfüllen.
Ich werde ein Engel des Friedens sein.
Ein Prediger der Wahrheit auf meinem Platz
– ohne dass es von mir beabsichtigt war –,
wenn ich nur seine Gebote halte.

Was immer ich bin, wo immer ich bin.
Ich kann nie weggeworfen werden.
Wenn ich krank bin, wird meine Krankheit Gott dienen.

Er macht nichts umsonst.
Er weiß, was er tut.

Er kann meine Freunde wegnehmen.
Er kann mich unter fremde Leute werfen.
Er kann es zulassen, dass ich mich verlassen fühle
und dass mein Geist darnieder liegt.
Er kann meine Zukunft vor mir verhüllen.
Er weiß immer noch, was er tut.

Daher will ich ihm vertrauen.
John Henry Newman, 1801–1890

Glaubensbekenntnis

Ich bin getauft.
Ich bin unterwegs mit allen, die zum Volk Gottes gehören.
Ich glaube, dass Gott mich zu einem guten Ziel führt.
Ich lebe in der Freiheit, die er mir schenkt.
Ich bekenne mich zur Gemeinschaft aller Getauften.
Deshalb will ich suchen, was Frieden schafft,
tun, was der Gerechtigkeit dient,
wählen, was das Leben fördert.
Ich weiß, wie schwer es mir fällt, dieses durchzuhalten.
Darum bin ich froh, dass Gott mir vergibt.
Er gebe mir zum Wollen auch das Vollbringen.
Quelle unbekannt

Fürbitten

Herr unser Gott, am heutigen Tag bitten wir dich besonders für alle ältere Menschen:

A: Zu dir, o Herr, geht unser Rufen – *Kyrie eleison*

–   Für alle, die im Alter ihr Leben und ihren Glauben neu entdecken: …
–   Für alle, die in ihrem Leben nur das sehen, was ihnen nicht gelungen ist: …
–   Für alle, die Heimat und Geborgenheit, Zuneigung und Wertschätzung suchen: …
–   Für alle, denen es schwer fällt, alt zu werden: …
–   Für alle, die in ihrer Familie Angehörige pflegen: …
–   Für alle, denen das Leben im Alter zur Last wird: …
–   Für alle, die sich vor dem Älterwerden fürchten: …
–   Für alle, die sich in unseren Gemeinden um alte Menschen kümmern: …
–   Für alle, die sich um Versöhnung bemühen: …
–   Für die Verstorbenen aus unserem Kreis und alle anderen Verstorbenen: …

Herr, unser Gott, wir bringen dir unsere Anliegen und Bitten. Schenke uns, was wir brauchen, und füge hinzu, was unserem Gebet noch fehlt. Darum bitten wir durch Christus, unseren Herrn. Amen.

Vaterunser

Schlussgebet

Herr, unser Gott, wir haben es in diesem Gottesdienst wieder erfahren: Wir sind von dir so gewollt wie wir sind, jede und jeder hat eine Aufgabe, jede und jeder hat einen Wert. Lass uns diese unsere Aufgaben erkennen, in unseren Gemeinden wahrnehmen und begleite uns dazu mit deinem Segen. Darum bitten wir dich durch Christus, unseren Herrn. Amen.

Lied

Herr, wir bitten (siehe Kopiervorlagen)

Segenswort

Gott und Herr unseres Lebens, begleite uns.
Nimm uns und alle Menschen unter deinen Schutz.
Mach uns zu Mitarbeitern und Mitarbeiterinnen deiner Güte unter den Menschen.
Wir befehlen uns in deine Hand.

Halte uns in deiner Hand.
Lass uns deine Gegenwart erfassen.
Lass uns deine Nähe spüren.
Lass uns deine Liebe begreifen.

Segne uns durch deine Liebe.
Segne uns durch dein Vertrauen.
Segne uns durch deine Barmherzigkeit.
Segen uns du, Vater, du, Sohn, und du, Heiliger Geist. Amen.

Schlusslied

Magnificat (Kanon) (Taizé 19)

Lasst uns miteinander

Lasst uns mit-ein-an - der, lasst uns mit-ein-an - der sin - gen, lo - ben,

prei - sen den Herrn, lasst uns dies ge - mein-sam tun! Sin - gen, lo - ben,

prei - sen den Herrn, sin - gen, lo - ben, prei - sen den Herrn, sin - gen, lo - ben,

prei - sen den Herrn, sin - gen, lo - ben, prei - sen den Herrn!

Sin - gen, lo - ben prei - sen den Herrn!

T/M: mündlich überliefert

Herr, wir bitten

Refr.: Herr, wir bit-ten: Komm und seg - ne uns!
Le - ge auf uns Dei-nen Frie - den. Seg - nend hal-te Hän-de
ü - ber uns. Rühr uns an mit Dei-ner Kraft.
1. In die Nacht der Welt hast Du uns ge-stellt,
Dei - ne Freu-de aus-zu-brei - ten.
In der Trau-rig keit, mit - ten in dem Leid,
lass uns Dei - ne Bo - ten sein.

T/M: Peter Strauch, aus: Ich will dir danken, © Hänssler-Verlag, D-71087 Holzgerlingen

Einander Stern sein
Feier mit den Mitarbeitern und Mitarbeiterinnen im Team

Thema
Auch ein Team Seniorenarbeit hat immer wieder Anlass zu einer Feier: Dank an die MitarbeiterInnen, Weihnachten, Jahresabschluss, Klausurwochenende usw. Anwesend sein sollte
auch eine »Offizielle«: PGR-Vorsitzende, Pfarrer, Heimleiterin, Leiter der Sozialstation, der /
die zumindest die Dankesworte übernimmt.

Vorbereitung
*   Ein großer Stern aus Goldfolie; in seinen Strahlen kleben Überschriften von Zeitungs-
    artikeln, die zeigen, wo Menschen einander zum Stern geworden sind.
*   Teelichter, die in der Mitte des Sternes brennen.
*   Teelichter für alle; jedes auf einem Stern aus Goldfolie und mit der Aufschrift: »Auch du
    bist anderen ein Stern«.
*   Segenswort: »Gott, der ist, wo du bist« für alle
*   Märchen »Die Sterntaler«
*   CD-Player
*   CD mit besinnlicher Musik
*   Liedtexte (je nach Jahreszeit und Anlass auszuwählen)
*   Texte für SprecherInnen

Besondere Aufgaben
*   VorleserIn (Märchen, Meditation)
*   Klavier-, Flöten- oder GitarrespielerIn (alternativ zur Musik von der CD)

Sitzordnung
*   Kreis (gestaltete Mitte: Stern)
*   Kaffeetisch

Dauer
90 Minuten

Einführung

Liebe Mitarbeiterinnen und Mitarbeiter unseres Teams Seniorenarbeit! Ich begrüße Sie alle ganz herzlich zu unserer gemeinsamen Feier, zu der wir Sie unter dem Motto: »Einander Stern sein« eingeladen haben. Wir wollen miteinander einen besinnlichen Nachmittag verbringen, ins Gespräch kommen und vor allem für Ihre Mitarbeit danken. In der Mitte unseres Kreises liegt ein Stern. Auf ihm sind Beispiele zu lesen, wie Menschen heute einander Stern sind, Beispiele, die in der Zeitung zu lesen waren. Frau N.N., lesen Sie uns doch bitte diese Beispiele vor.

Um ganz besondere Sterne geht es auch in der Geschichte, die uns nun Herr N.N. vorliest.

Märchen: Die Sterntaler

Es war einmal ein kleines Mädchen, dessen Vater und Mutter gestorben waren. Es was so arm, dass es kein Kämmerchen mehr hatte, um darin zu wohnen, und kein Bettchen, um darin zu schlafen. Es hatte nichts mehr als die Kleider auf dem Leib und ein Stückchen Brot in der Hand, das ihm ein mitleidiges Herz geschenkt hatte. Aber es war gut und fromm. Weil es so von aller Welt verlassen war, ging es im Vertrauen auf den lieben Gott hinaus ins Feld. Da begegnete ihm ein armer Mann und bat es: »Gib mir etwas zu essen, ich bin so hungrig.« Da gab ihm das Mädchen sein ganzes Stück Brot und sagte: »Gott segne es dir« und ging weiter. Da kam ein Kind, das jammerte und sprach: »Es friert mich so an meinem Kopfe. Schenk mir etwas, womit ich ihn bedecken kann!« Da nahm das Mädchen seine Mütze ab und schenkte sie ihm. Als es noch eine Weile gegangen war, kam ein anderes Kind. Das hatte kein Leibchen und fror. Da gab ihm das Mädchen seines. Ein wenig später begegnete ihm eine alte Frau und bat um seinen Rock. Da gab es auch diesen. Als es dunkel geworden war, kam es in einen Wald. Da kam noch ein Kind und bat um ein Hemd. Das fromme Mädchen dachte: »Es ist dunkle Nacht, da sieht dich niemand. Da kannst du wohl dein Hemd weggeben.« Es zog sein Hemd aus und gab auch noch das. Wie es so stand und gar nichts mehr hatte, fielen auf einmal die Sterne vom Himmel. Es waren lauter harte, blanke Taler – und obwohl es gerade sein Hemd weggegeben hatte, hatte es ein neues aus allerfeinstem Leinen an. Da sammelte es die Taler hinein und war reich sein Leben lang.
Märchensammlung der Gebrüder Grimm

Gedanken zum Märchen

Was ein Mensch am notwendigsten braucht, aber gerade nicht hat, ist für ihn wie ein weit entfernter Stern. Für den armen, hungrigen Mann ist es das Brot, für das frierende Kind und die alte Frau die wärmende Kleidung. – Das Mädchen, das im Märchen keinen Namen trägt, erkennt, woran es denen mangelt, die ihm begegnen und hilft – sofort und ohne viel zu reden. Für die, denen es helfen konnte, wird es zum Stern. So geht es in dem Märchen zunächst um rasches und unkompliziertes Dasein für andere Menschen. Doch nicht nur das. Es geht auch darum, zu erkennen, welche Hilfe notwendig und gefordert ist, und um die Möglichkeiten, die ich habe, sinnvoll zu helfen. Die Hilfe geht dabei bis an die Grenzen dessen, der hilft: Das Mädchen steht am Ende der Geschichte unbekleidet da. Das berührt uns vielleicht eigenartig. Schnell erklären wir dies damit, dass es sich bei dieser Geschichte eben um ein Märchen handelt, das zwar schön ist, aber nicht immer mit unserer Wirklichkeit übereinstimmt, und dass das Kind, wie es im Text heißt, »gut und fromm« (wir denken wohl »realitätsfremd«) gewesen ist. Hier unterliegen wir aber einem Missverständnis. Das mittelhochdeutsche Wort »fromm« bedeutet so viel wie »tüchtig, tapfer, rechtschaffen«. »Fromm« ist ein Mensch, der überlegt handelt, der das tut, was gerade notwendig ist, der sich der Realität stellt und anpackt, wenn er sieht, dass Hilfe gebraucht wird. So handelt das Mädchen. Es bedenkt sehr wohl die Dunkelheit der Nacht, bevor es sein Hemd weggibt und nackt dasteht. Sein Handeln ist aber die Konsequenz seines Glaubens. Es schöpft alle seine Möglichkeiten aus und vertraut dabei fest auf Gott. Das Mädchen zweifelt nicht im Geringsten daran, dass Gott mit ihm ist. Er wird ihm helfen und einen Weg zeigen, auf dem es weitergehen kann. Wer ein so großes Vertrauen hat, wird nicht nur für andere zum Stern, sondern dem fallen auch Sterne zu. Als das Mädchen nichts mehr besitzt, so lesen wir, fallen die Sterne vom Himmel und werden zu Talern. Wer sich für andere einsetzt, wer sich und sein Tun Gott anvertraut, wird von ihm beschenkt. Was aber Gott schenkt, kann niemand nehmen, es ist lebenslanger Reichtum.

Wir wollen in kleineren Gruppen diese Gedanken vertiefen und uns überlegen, was uns zu unserer Mitarbeit im Seniorenteam motiviert und welche Erfahrungen wir immer wieder machen (*siehe Kopiervorlagen mit Impulsfragen*).

Zusammenfassung

Setzen wir uns jetzt nochmals im Kreis zusammen. Um unsere angeregten Gespräche abzurunden schlage ich vor, dass jeder den Satz ergänzt: »Ich arbeite im Seniorenteam mit, weil …«

Dank

Wir singen miteinander zum Abschluss ein Lied und sprechen dann ein Dankgebet.

Guter Gott, wir möchten einander Stern sein und danken dir für alles, was dazu geschehen ist:

- Für alle, die uns unterstützen, A: danken wir dir.
- Für alle, die sich uns anvertrauen, …
- Für das Interesse, das unserer Arbeit entgegengebracht wird, …
- Für die Sensibilität, mit der es uns gelingt, auf Menschen zuzugehen, …
- Für die Worte, die uns immer wieder einfallen, um zu trösten, zu helfen und zu verstehen, …
- Für alles, mit dem uns andere Menschen bereichern, …
- Für den Zusammenhalt in unserem Team …
- Für die Freude, die wir an unserer Tätigkeit haben, …
- *Raum für persönlichen Dank*

Herr, unser Gott, deine Liebe und Güte sind die Sterne über unserem Leben. Von ihnen wollen wir uns leiten lassen und für sie sind wir dir dankbar – heute und alle Tage und in alle Ewigkeit. Amen.

Meditation

Verschwenderisch sein

Die Kerze brennt,
sie leuchtet für andere,
sie wärmt andere.
Sie denkt nicht an sich.
Sie verbreitet Helligkeit
und schenkt sich selbst.

Wer Licht spendet,
wer das Dunkel anderer erhellt,
wer Wärme vermittelt,
wird nicht ärmer.
Niemand wird ärmer,
wenn er Liebe verschenkt.

Wer Licht,
wer Wärme,
wer Liebe
verschenkt,
darf
verschwenderisch sein.

Verteilen der Sterne

Ich danke Ihnen allen für Ihr Stern-Sein mit einem kleinen symbolischen Geschenk. Es ist, wie könnte es anders sein, ein Stern, den ich jetzt jedem und jeder überreichen möchte.

Die Teelichter mit den kleinen Sternen und einigen persönlichen Worten verteilen.

Bevor wir uns gemütlich zusammensetzen, sprechen wir noch ein Segenswort. Stellen wir uns dazu im Kreis um den Stern in unserer Mitte auf und reichen einander die Hände.

Segenswort

Gott, der ist, wo du bist,
gebe dir die Kraft zum Leben,
die Zeit zum Staunen
und ein Herz für die Menschen.

Gott, der ist, wo du bist,
segne dich mit guten Gedanken,
mit tröstlichen Worten
und in all deinen Werken.

Gott, der ist, wo du bist,
gebe dir Hoffnung und Zukunft,
segne dich mit Glück und Freude,
erhalte dir das Vertrauen und den Mut.

Gott, der ist, wo du bist,
erhalte dir die Treue deiner Freunde,
dich in den Gefahren dieser Zeit
und in deiner Liebe lebendig.
Paul Weismantel

Lied

Ausklang
Gemütliches Beisammensein

Kopiervorlagen

Impulsfragen für die Gruppengespräche

- Warum arbeite ich im Seniorenteam mit? Was hat mir Gott dazu geschenkt?
- »Wer gerne gibt, erhält doppelt zurück!« Kann ich dieses Sprichwort aus meiner Erfahrung bestätigen?
- Was heißt für mich »Gottvertrauen«?

Ideenkiste zur Programmgestaltung

Frühling
Ich möchte mal wieder

JedeR schreibt einen (realisierbaren) Wunsch auf einen Zettel, die Zettel werden in einem Hut eingesammelt. Eine »Wünschefee« liest die Zettel vor, zunächst ohne den Namen des / der Wünschenden zu nennen. Wer einen Wunsch erfüllen möchte, meldet sich und wird dann von ihr mit dem / der Wünschenden zusammengebracht.

Fasten

Gespräch über Erfahrungen mit dem Fasten: Die kirchlichen Fastenregeln sind der heutigen Lebenswelt angepasst, aber nicht abgeschafft. Was hat sich geändert? Der Unterschied zwischen damals und heute liegt vor allem in der größeren Eigenverantwortung. Wie gehe ich damit um? Wie sieht die Bibel das Fasten? Gibt es dabei einen Unterschied zwischen Erstem und Zweitem Testament?

Weltgebetstag der Frauen

Der erste Freitag im März ist der Weltgebetstag der Frauen. Informationsmaterial gibt es dazu in allen Pfarrämtern. Wie können sich dazu die Seniorinnen zu Wort melden?

Passionszeit

Besuch eines Kreuzweges, eines Passionsspieles, eines Kalvarienberges (alternativ: Dia- oder Filmvortrag). Sammeln und Besprechen von Kreuzesdarstellungen, die mit persönlichen Erinnerungen verbunden sind, daraus eine Ausstellung gestalten.

Was das Leben leichter macht

Tipps, die den Alltag erleichtern, sei es aus eigener Erfahrung oder seien es Angebote oder Serviceleistungen aus dem Handel oder der Wirtschaft: Vorhanglift; Zeitschaltuhr für Elektrogeräte; Zimmerpflanzen in Hydrokultur; Lebensmittelgeschäfte, die ins Haus liefern; Essen auf Rädern; Reparaturdienste; Fußpflege, die ins Haus kommt; Rollator und andere Gehhilfen; Lesehilfen und weitere Hilfsmittel. Dazu Referenten und Referentinnen einladen (Optikerinnen, Hörgeräteakustiker, Bandagistinnen, Wohnraumgestalter, Sozialeinrichtungen) und Informationsmaterial austeilen.

Ostertexte

In Gedichtssammlungen, Lieder- und Gebetbüchern nach Ostertexten schauen. Wo liegen deren Schwerpunkte? Gespräch über Ostertexte der Bibel und den christlichen Glauben an die Auferstehung.

Wunschkonzert

Wünsche dazu rechtzeitig sammeln. Welche können wir selbst erfüllen? Für welche brauchen wir eine CD? Wer übernimmt die Moderation? Nach dem Konzert gibt's eine Maibowle. Die Geburtstagskinder erhalten als Geschenk eine Konzert- oder Opernkarte.

Marienmonat

Bibelgespräch über Maria; Besprechen von Mariendarstellungen; Textinterpretationen von Marienliedern; wir gestalten eine Maiandacht; meine Beziehung zur Gottesmutter; Maria als Mutter.

Ausflug in den Frühling

Spaziergang durch einen botanischen Garten, Führung durch eine Gärtnerei, Besuch eines Naturlehrpfades.

Sommer
Wie schütze ich mich vor …
Ungebetene Gäste haben es im Sommer oder an Feiertagen besonders leicht. Mitarbeiter von Polizeidienststellen geben hier Sicherheitstipps. Sie lassen sich auch gerne zu einer Wiederholungsstunde: »Richtiges Verhalten im Straßenverkehr« einladen. Polizei oder Konsumenteninformation / Verbraucherberatung informieren auch über Haustürgeschäfte, Hausierer oder Kaffeefahrten.
Die heiße Jahreszeit stellt auch vor gesundheitliche Probleme. Ärztinnen, Krankenschwestern, Diätassistenten zeigen Gefahren auf und sprechen über vorbeugende Maßnahmen. Apothekerinnen stellen eine Notfalls- bzw. Reiseapotheke zusammen.

Heiligentage
In den Juni fallen die Gedenktage einiger wichtiger Heiliger (Antonius von Padua, Johannes d. T., Petrus, Paulus). Was wissen wir von ihnen? Werden sie in unserer Umgebung besonders gefeiert? Gibt es ein Brauchtum zu diesen Tagen? Finden wir ihre Darstellungen in unserer Kirche oder in anderen in der Nähe liegenden Kirchen?

Wer da ist, der kommt!
In den Sommermonaten ist kein Nachmittag besonders gestaltet, aber ein wöchentlicher Treffpunkt vereinbart. Alle, die sich dort einfinden, entscheiden kurzfristig, was sie tun möchten: einen Ausflug mit öffentlichen Verkehrsmitteln; Eisessen; jemanden im Heim oder im Krankenhaus besuchen usw.

Stadtspaziergang
Bei einem gemeinsamen Spaziergang hat jeder die Möglichkeit drei Objekte zu fotografieren, die mit der eigenen Lebensgeschichte zusammenhängen (Schule, Stammgasthaus, früherer Arbeitsplatz, Kirche), oder in Zukunft damit etwas zu tun haben (geplante neue Wohngegend, Seniorenheim, Park). Bei einem nächsten Treffen werden die Fotos zu einer Collage zusammengestellt und besprochen.

Gegen jedes Leiden ist ein Kraut gewachsen
Besuch eines Kräutergartens oder eines Gewächshauses mit tropischen Gewürzen, Besichtigung einer Kräuter- oder Gewürzhandlung. Kräuterbüschel binden und an Maria-Himmelfahrt zu Gunsten eines Sozialprojekts verkaufen.

Herbst
Herbstanfang
Jeder bekommt eine Herbstblume (aus Samen selbst gezogen) in einem kleinen Topf oder Joghurtbecher. Herbstlieder und Herbstgedichte mitbringen lassen, singen und vortragen. Gespräch darüber – auch über den »Herbst des Lebens«.

Vorsorgen beruhigt
In der Gruppe Tipps zusammentragen, wie man für den Notfall vorsorgen kann (Vertrauensperson, Zugang zu Dokumenten, Adressen usw.). Wichtige Themen sind auch Testament, Patientenverfügung und Vorsorgevollmacht. Dazu sollte allerdings ein kompetenter Referent oder Mediatorin, Referentin (Juristin, Rechtspfleger, Sozialarbeiterin) sprechen.

Oktoberfest
Geselliger Nachmittag mit Tänzen, Tanz- oder Singspielen und Sitztänzen – unter sachkundiger Leitung einer Seniorentanz-Referentin. Das Oktoberfest in München ist der Pate aller anderen Oktoberfeste. Wer weiß etwas über seine Entstehung?

Erntedank
Gespräch: Was bedeutet für mich Erntedank? Was hat mir dieses Jahr gebracht? Wofür kann ich danken? Wo liegen meine Stärken und Schwächen? Wem bin ich dankbar und wofür? Wie kann ich Dankbarkeit ausdrücken? Gestalten eines Erntedankgottesdienstes.

Herbstkulinarium
Gemeinsamer Ausflug: Weinprobe, Spanferkelessen, Martinigans, Schlachtschüssel; gemeinsames Zubereiten: Obstsalat, Esskastanien, Bratäpfel, Folienkartoffel; einen Hersteller von Marmeladen, Säften, Obst- oder Gemüsekonserven einladen zu einer Weinverkostung, Saftverkostung, Honigverkostung, Marmeladeverkostung.

Totengedenken
Besuch der Gräber verstorbener Mitglieder des Seniorenklubs; Gedenkfeier; Führung durch einen historischen Friedhof; Literatur und Musik zu Tod und Vergänglichkeit sowie zur Hoffnung auf Leben; Totengedenken bei anderen Religionen. Ein Bestattungsunternehmen kann über Bestattungsformen informieren.

Ausflug in den Herbst
Spaziergang durch einen herbstlichen Wald, einen Weinlehrpfad, Besichtigung eines Weinbaumuseums, einer Obstverwertung, einer Vinothek.

Winter
Adventliches oder weihnachtliches Kulturprogramm
Besuch eines Adventkonzertes, Weihnachtsmarktes, einer Krippenausstellung, einer Wachszieherei, einer Lebkuchenerzeugung, einer Christbaumkultur, eines Spielzeugmuseums.

Weihnachtsliedersingen
Der Seniorenkreis setzt einen Akzent zur Gestaltung der Weihnachtszeit und lädt zum Weihnachtsliedersingen in die Kirche ein.

Erlebnisberichte
Mein Winterurlaub auf den Kanarischen Inseln (mit eigenen Fotos, Dias, Video), Weihnachten bei meinem Sohn in Australien, oder: Ich habe einen Winter unter widrigen Umständen überlebt!

Weltgebetswoche zur Einheit der Christen
Informationsmaterial über den aktuellen Schwerpunkt liegt in allen Pfarrämtern auf. Wir beteiligen uns an einem ökumenischen Gottesdienst, sprechen über eigene Erfahrungen mit anderen christlichen Konfessionen (z. B. anlässlich einer Taufe oder Hochzeit, bei Auslandsreisen, bei ökumenischen Veranstaltungen). Besuch einer evangelischen oder orthodoxen Kirche.

Literaturnachmittag
Das Team der Pfarrbücherei lädt zu einem Literaturnachmittag in ihre Räumlichkeiten ein: Vorstellung von Neuanschaffungen mit Leseproben; Lesung aus einem Bestseller; Themennachmittag.

Ausflug in den Winter
Gemeinsames Eisstockschießen, Eislaufen, Ski-Langlaufen. Fahrt zu einer Wildfütterung, Spaziergang in einem winterlichen Park oder Tiergarten, durch einen verschneiten Wald, entlang eines zugefrorenen Gewässers. Besichtigung eines Museums über die Entwicklung des Wintersports.

Übrigens: Sie müssen nicht alles selber machen. Nützen Sie doch die Möglichkeiten der Vernetzung, die eine Pfarrei bietet und beziehen Sie Priester, Pastoralreferentinnen, Kirchenmusiker, Pfarrarchivarin, Pfarrgemeinderäte, Einrichtungen der Pfarrei wie: Pfarrbücherei, Kindergarten, Kirchenchor usw. ein. Vernetzen Sie sich auch mit Nachbarpfarreien und legen Sie Wert auf ökumenische Zusammenarbeit!

Checkliste Seniorennachmittag

Seniorennachmittag am: _____ von _____ Uhr   bis _____ Uhr

Thema: _____

Vorbereitung
Ankündigen ab: _____

durch: *Wer kümmert sich darum?*
- Plakat   _____
- Zeitungsnotiz   _____
- Pfarrbrief   _____
- Handzettel   _____
- Homepage   _____
- mündliche Verlautbarung   _____
                                         _____
                                         _____
                                         _____

Raum und Raumgestaltung   *Wer kümmert sich darum?*
Benötigte Räumlichkeiten   _____
Sitzordnung   _____
Anordnung von Tischen und Stühlen   _____
Raumdekoration   _____
Tische decken   _____
Tischschmuck   _____
Gestaltete Mitte   _____
Benötigte Geräte: CD-Player, Projektor, _____
Verlängerungskabel, Pinnwand usw.   _____
                                         _____
                                         _____

Arbeitsmaterial   *Wer kümmert sich darum?*
- Arbeitsblätter   _____
- Liedertexte   _____
- Musik / CDs   _____
- Musikinstrumente   _____

- Bastelmaterial   _____
- Texte zum Mitnehmen   _____
- Sonstiges Material je nach Thema   _____
  des Nachmittages

_____

_____

_____

Aufgaben   *Wer übernimmt welche Aufgabe?*
- Moderation des Nachmittages   _____
- Rollen und Rollenverteilung je   _____
  nach Thema des Nachmittages   _____
- ReferentIn
- LeiterIn von Tanz / Gymnastik   _____
- Bedienung der technischen Geräte   _____
- Küche und Service   _____

Wer spricht wen an? _____

_____

_____

_____

Nacharbeit   *Wer übernimmt welche Aufgabe?*
- Aufräumen   _____
- Reflexion des Nachmittages   _____
- Dokumentation   _____

_____

_____

_____

Weiterführende und häufig verwendete Literatur

Becker-Huberti, Manfred, Lexikon der Bräuche und Feste, Sonderausgabe, Freiburg (Herder) 2007.

Bieritz, Karl-Heinrich, Das Kirchenjahr. Feste, Gedenk- und Feiertage in Geschichte und Gegenwart, München (C. H. Beck) 1987.

Domenego, Hans und Hilde Leiter, Das Buch vom Winter, München und Wien (Jugend und Volk) 1984.

Domenego, Hans und Hilde Leiter, Das Buch vom Sommer, München und Wien (Jugend und Volk) 1984.

Eichhorn-Kösler, Elfi und Bernhard Kraus, Seniorennachmittage. Impulse und Anregungen, Freiburg (Herder) 2006.

Kirschbaum, Engelbert (Hg.), Lexikon der christlichen Ikonographie, Sonderausgabe, Freiburg (Herder)1990.

Haag, Herbert, Herders biblisches Wörterbuch, Erftstadt (Hohe-Verlag) 2007.

Moser, Dietz-Rüdiger, Bräuche und Feste im christlichen Jahreslauf, Graz (Styria) 1993.

Neysters, Peter, Werkbuch Seniorenarbeit. Texte, Ideen und Gottesdienste, 2. Aufl., Freiburg (Herder) 2006.

Neysters, Peter und Karl Heinz Schmitt, Durch das Jahr – durch das Leben. Das christliche Hausbuch für die Familie, München (Kösel) 2006.

Sauter, Hanns, Du bist vertraut mit all meinen Wegen. Seniorengottesdienste, Regensburg (Pustet) 2003.

Sauter, Hanns, Du zeigst mir den Weg zum Leben. Neue Seniorengottesdienste, Regensburg (Pustet) 2007.